浙江省普通本科高校
"十四五"重点立项建设教材

弦上春秋

A Moment on Strings

大学古琴人文通识教育

郑雯嫣——编著

浙江工商大学出版社
ZHEJIANG GONGSHANG UNIVERSITY PRESS | 杭州

图书在版编目（CIP）数据

弦上春秋：大学古琴人文通识教育 / 郑雯嫣编著 . —杭州：浙江工商大学出版社，2024.6

ISBN 978-7-5178-5667-2

Ⅰ．①弦… Ⅱ．①郑… Ⅲ．①古琴－通识教育－教学研究－高等学校 Ⅳ．① G40-012

中国国家版本馆 CIP 数据核字（2023）第 156372 号

弦上春秋——大学古琴人文通识教育
XIAN SHANG CHUNQIU——DAXUE GUQIN RENWEN TONGSHI JIAOYU

郑雯嫣 编著

责任编辑	张莉娅
封面设计	望宸文化
责任校对	董文娟
责任印制	包建辉
出版发行	浙江工商大学出版社
	（杭州市教工路 198 号　邮政编码 310012）
	（E-mail：zjgsupress@163.com）
	（网址：http://www.zjgsupress.com）
	电话：0571-88904980，88831806（传真）
排　　版	杭州浙信文化传播有限公司
印　　刷	杭州宏雅印刷有限公司
开　　本	710 mm×1000 mm　1/16
印　　张	18
字　　数	256 千
版 印 次	2024 年 6 月第 1 版　2024 年 6 月第 1 次印刷
书　　号	ISBN 978-7-5178-5667-2
定　　价	65.00 元

古琴，带旋律的心学

中国文人向来有一个很高的理想，便是要去"为天地立心"。心，在儒家哲学里是带有正向价值判断的一个概念。所谓"立心"，其实就是在天地之间立个价值标准。价值标准，则往往又是中国文人的底层逻辑和使命源泉，所以"横渠四句"中的后三句"为生民立命，为往圣继绝学，为万世开太平"，都是基于天地之间价值标准确立之后，展开的具体责任。儒家之所以伟大，就在于其底层逻辑强大。但是，如果我们把底层逻辑的建构，看成一种原理，或者一种方法，则"为天地立心"，又岂止是儒家的专利呢？佛、道，其实不都在以自己的方式为天地立心吗？具体到每一个人，亦大抵如此。

在我看来，所谓立心，其实可以有多元途径与方式，不必动辄上升到天地维度。以艺术创造为例，画家借色彩立心，作家据文字立心，音乐家以旋律立心……立心即立本，而立本，便是大道的折射。所谓天理流行，皆由立心推动。

在任何一个地方性空间中，无论表现为景观、历史、文化，还是日常生活诸层面，总有一两个人物的独特存在，在为这个地方"立心"，从而成为项飙所说的人类学意义上"附近"的心学意象，或者心学符号。在我看来，郑雯嫣老师就属于这种人。

20年前，我刚来定海的头几年，张嵋兄常常领着我们在古城漫游并喝茶。

茶室的主人知道我们是浙江海洋大学的，便会问起大家是否认识郑雯嫣老师。可不等我们搭腔，茶室的主人便马上自豪地说自己是郑老师的弟子。大凡在中大街、昌国路一带有一定品位的茶室，郑老师都是一个绕不过去的话题。我第一次认识郑老师，是在2007年春天，民盟的某次大会上，对标此前茶艺界传说的郑老师，眼前的她果然是一个清雅的茶人形象。与我此前在江西婺源和福建武夷山接触到的带点山野气的素朴茶人不同，郑老师的清雅是略带洋派的，后来才知道她是外国语学院的老师。再后更进一步知道，她还是舟山茶艺界教母式的人物，怪不得许多茶室的主人都以曾是她的弟子而自豪了。

我读方平兄的《奇花》，是郑老师推荐的。这部小说，在继沈从文、孙犁、汪曾祺之后，让我重新对宋明以来的汉语白话之美，有了当下回味。郑老师安排我们第一次见面，是在昌国路电视台门口。一辆灰色越野车停在那里，开车的是方平兄，副驾驶坐着立宇兄。立宇兄的小说很精致，但比小说内容更为精致的是它的装帧。《海中洲》的纯文学品位，有一半来自他的装帧营造。多年以后，我主编海洋人文通识系列教材，邀请立宇兄担任封面设计师，就是因为喜欢他装帧里弥漫的浓郁人文主义气息。郑老师说，要请我们喝下午茶。车子北向出城，开到虹桥水库东面的一个山坳，这里原是部队驻地。营房前的操场，现在长满了丛竹。车子停下，她从后备厢一一卸下炭炉、茶具，还有古琴。那是一个春天的下午，我们在竹下喝着茶、听着琴、聊着天，很享受魏晋吹来的玄风。周边有白的梨花，迟到的梅花，热热闹闹簇拥着，但郑老师的琴声响起，她们便安定下来了，有些还无声地飘落到琴弦上，成为音符。据方平兄讲述，郑老师学琴是在上海。夏天，从定海到上海的夜航船上，她一袭长裙，斜挎古琴，常常成为晚霞中甲板上的一道风景。从地理角度看，虹桥是舟山本岛500平方公里的心脏。唐代开元年间，翁山县治就在虹桥。历史让我产生了穿越，觉得这琴声，就像一个起搏器，使沉睡了千年的翁山古城，恢复了心跳；而开元盛世的春天，此刻也在她的琴声里落英缤纷。那个下午，我知道郑老师还是一位琴者。

在我看来，传统音乐中，与茶最默契的就是古琴。琴茶一味，也是郑老师给人们的一个符号式印象。如果说茶是自然之饮，那古琴则是天籁之音，且又直抵人心。古琴，尚韵不尚声势，以低调的方式，追求极高的格调；她的旋律，是向内求本、求真、求善，求敬、求清、求静的旋律。无论你身处的环境多复杂、多沉重、多喧嚣，无论你离当年的初心多遥远、曾经的亲情多生疏，只要拨动古琴，便拨动了这个世界的心弦，遍体鳞伤瞬间康复，遗失的美好犹如昨日重现。因此，古琴是治愈的旋律，是放下的音符，是回家的密码，是从前慢的节奏，是大音希声的境界，是胡塞尔的现象学还原。古琴，这种低调的高调，你说是不是一种带旋律的心学呢！

所以，琴者就是一个心学般的形而上存在。而我们的"附近"，需要这样的心学存在。

这个存在的另一种开放姿态，就是音乐教育。礼乐文化，是中国传统文化的重要建构，前者是制度规范，后者是乐教熏陶。中华文化传承数千载，靠的就是这两个内核。那么，如何理解乐教？我一直有个观点，乐教就是心教——心灵的教育。中国从西周开始，乐教就是心教的重要一环。六经原典本有《乐经》，后虽失传，但乐教作为国家制度，成为礼学的一个组成部分，却是事实。《关雎》既是《诗经》开篇，也是乐教最早的诗学表达。"琴瑟友之"，其实就是为君子和淑女们"立心"。心，之所以得立，是被琴瑟洗过一遍。洗心方能革面，君子人格与淑女情怀的气象由是生发。我们很自豪地回眸，从周文王到李叔同，中国三千年的乐教传统未曾断绝。是故，今天重视乐教的校园，才会持续古琴的回响。

十年前，我曾有幸在教务处岗位上，力推学校的人文通识教育，其中尤重技艺人文通识教育。回溯国学脉络，古代人文通识教育体系，就是礼、乐、射、御、书、数六艺的组合，这其实就是一种技艺型人文通识教育。我们借用古代"六艺"的概念，完成了技艺人文课程群的顶层设计与开发，从而建构新型"六艺"融合的课程体系。该课程体系不但解决了传承古"六艺"与建构今"六艺"的文脉接续问题，而且寻找到了技艺人文课程的核心价值所在，即体现了人文通识课由知识中心到技艺中心的转换，凸显了技艺与能力，强调了课程的实践性、过程的体验性、能力的可衡量性，真正使学生从"志于道，据于德，依于仁"，到最终落脚于"游于艺"，从而实现了由传统古"六艺"向现代新"六艺"的创造性传承、转换与融合。游，是一个很高级的词汇。鱼游于水，鸟游于空，云游于天，风游于无何有之乡，这是挣脱形式束缚之后的心灵自由之境。而游于艺，是使学生的人文修养在人文技艺的驱动下得到自然升华，从而达到饱满精神、陶冶性情、变化气质、培育灵性、增长智慧、丰富内涵之目的。

郑老师的古琴课，在十年前成为全校公选课，并且是最受欢迎的公选课之一。我曾与一个选修古琴的学生聊天，询问他学古琴的最大收获。他不假思索地回答说，有一回弹奏古琴的时候，忽然明白了"弦外之音"的奥妙，原来就是触碰到了一个充满隐喻的世界。我觉得，他已经进入古琴了，真为他欢喜。陶渊明为何要蓄素琴一张？因为这张素琴，是他的田园，更是他建构的隐喻世界。高罗佩的《琴道》在琴道思想体系建构方面还只是散点透视，但我们不得不佩服他敏锐地抓住了"琴道之眼"，即象征与联想，如术语与名称的象征、音色的象征、指法的象征，以及古琴与其他对应物的联想关系等。在高罗佩看来，古琴本身就是中国文化的一个象征符号和联想专柜。卡西尔的《人论》认为，象征与联想，是人类独有的一种隐喻能力。这使我想起朋友张祥云教授的《大学教育：回归人文之蕴》所强调的，人文教育的重要任务，就是培养隐喻能力。因为隐喻能力，是我们创造和进入一个全新人文世界的通行证。而古琴教育的真谛，就在于领取这张通行证，引导我们离开当下，相逢于"弦外之音"的世界。

古琴，还是最像水的音乐，具有天然的弱德之美，这也仿佛是对郑老师长期坚守乐教理想的形容。今天，郑老师将多年来在大学授课的心得，撰为《弦上春秋——大学古琴人文通识教育》出版，我相信这将使带旋律的心学有更广阔的流行空间，她也一定会遇见更多的知音。面朝大海，春暖花开；琴心同构，天人合一。是为序。

程继红

甲辰之春于定海

前　言

　　2014年，时任浙江海洋大学教务处处长程继红教授借用古代"六艺"的概念，推出了"实用人文"系列课程，旨在通过人文技能培养，实现人文能力的提升。笔者主讲了其中的一门艺术人文课程"古琴音乐欣赏与演奏"，同时以选课学生为基础创办了学生社团"清和琴社"。

　　4年之后，笔者又建设了线上课程"弦上春秋——英说浙江古琴文化"，突出了课程思政，并通过线上线下混合式教学法，有效促进了教学质量的提升。本书基于这些年的教学实践经验而来，共分为8章。第一章为琴器篇，阐述了琴的身份演变以及有关琴器的文化知识。第二章为琴人篇，从人文教育的角度选择了古今中外典型的琴人琴家，对他们的生平和琴学做了叙事描述。第三章为琴曲篇，精心选择了具有人文内涵以及家国情怀的经典琴曲，引经据典梳理琴曲典故、琴谱出处和琴曲题解等，同时推荐相应琴曲近现代琴家的代表性演奏版本供学生欣赏。第四章为琴艺美学篇，这部分探讨了琴的礼乐功能、核心美学之清和思想，还对比了琴与禅以及文人琴和艺人琴的区别，以帮助学生对传统琴乐美学形成一个正确的认知。第五章分析了浙派琴乐文质彬彬和微妙圆通的美学思想。第六章讲述了唐宋琴诗里的流行乐与琴韵美学。第七章专辟一章，研究了琴茶艺术的人文哲学观和审美共通性。第八章为古琴音乐欣赏与演奏，总结了古琴弹奏的姿势和注意事项、指法以及经典琴曲的琴谱等，对其他高校的教学实践有一定的参考意义。此外，使用者可扫描本书中所附二维码，观看演奏视频、获取延伸知识等。

本书是笔者多年教学实践研究的成果总结，可作为高校人文通识教育教材使用，对于提升学生的人文素养、艺术修养以及思政意识都有积极的意义。一家之言，供同行参考，也请方家批评指正。

目 录

第三章

第四章

第八章

第一章
琴 器 篇

琴的身份

　　琴，是中国历史上最古老的弹拨乐器之一。近代，为了区别于钢琴、小提琴等西方乐器，国人才始称其为古琴。琴在古代还有不少雅称，如七弦琴、玉琴、瑶琴、丝桐、素琴、清英居士等。

　　关于琴的创制，文献记载有：

　　昔者舜作五弦之琴，以歌《南风》。（戴圣《礼记》）

　　昔神农氏继宓羲而王天下，亦上观法于天，下取法于地，近取诸身，远取诸物，于是始削桐为琴，绳丝为弦，以通神明之德，合天地之和焉。（桓谭《新论》）

　　昔伏羲氏作琴，所以御邪僻，防心淫，以修身理性，反其天真也。（蔡邕《琴操》）

　　尧使无勾作琴五弦。（李昉、李穆、徐铉等《太平御览》）

　　据以上文献所述，可知伏羲、神农、虞舜、唐尧都与古琴的创制有关。《琴史》一言以概之："琴之为器，起于上皇之世，后圣承承，益加润饰。"

除了托古三皇五帝，古琴最初的形制还和一种叫夔的神兽有着神秘的关联。据《说文解字》，夔"神魖也。如龙，一足，从夂；象有角、手、人面之形"。

夔是一种极其似龙的神兽，但是只有一足。商周时代青铜器上的龙纹常被称为夔纹和夔龙纹。唐代杨筠松《龙经》载："夔龙为群龙之主，饮食有节，不游浊水，不饮浊泉。所谓饮于清游于清者。"因此，夔龙纹象征王权和神权，代表着至高无上的权威与尊贵。巧合的是，一足之龙的夔像极了早期琴的形制。

早期琴体上都有一个鱼尾状的琴尾，底部有一个结实的脚，这不禁让人联想起神话中的夔龙，也显示了琴尊贵非凡的地位。在以后的发展中，琴也不断完善它的文化意象。到了汉魏时期，琴的形制基本确定。蔡邕在《琴操》中说："琴长三尺六寸六分，象三百六十日也；广六寸，象六合也。文上曰池，下曰岩。池，水也，言其平。下曰滨。滨，宾也，言其服也。前广后狭，象尊卑也。上圆下方，法天地也。五弦宫也，象五行也。大弦者，君也，宽和而温；小弦者，臣也，清廉而不乱。文王武王加二弦，合君臣恩也。宫为君，商为臣，角为民，徵为事，羽为物。"

琴面的岳山象征崇山峻岭；琴腹的龙池、凤沼有如江海大泽。琴有泛、散、按三种音色，其中泛声清亮犹如天籁，散音恢宏则如大地，按音丰富便似人声，天、地、人三才俱全。在古人的认知中，琴器乃天地之合，是天地宇宙的缩影。操琴的过程，就好似人与天地交融合一的过程。

在漫长的历史发展中，古琴因社会需求以及使用人群的不同，经历了法器、礼器、道器以及乐器四种身份。

一、法器

远古时代，由于人类对自然灾害缺乏认知，祭祀神灵成为部落最重要的仪式活动。承担这一工作的人叫巫。

"巫"的甲骨文和篆文都有一个"工"，指代一件器物，表示祭祀时手持巧具。造字本义代表着远古部落中智慧灵巧的通神者，以神秘法器，祝祷降神，与神鬼沟通，请求神谕。通常来说，部落首领，作为部落最有智慧的人，同时也是巫师。如琴曲《神人畅》题解："《古今乐录》曰：'尧郊天地祭神，座上有响。诲尧曰："水方至为害，命子救之。"尧乃作歌。'谢希逸《琴论》曰：'《神人畅》，尧帝所作。尧弹琴感神人现，故制此弄也。'"

古人认为琴音具有通神明、感鬼神的功能。《神人畅》描绘的是古代祭祀场景，传说尧以琴音召来神灵获得神谕，此时琴充当了与神灵沟通的法器。东汉桓谭《新论·琴道第十六篇》中有一则关于夏禹治水的故事："《禹操》者，昔夏之时，洪水怀山襄陵，禹乃援琴作操。其声清以溢，潺潺湲湲，志在深河。"这则故事是说大禹治水，用琴声模拟水流，感化大自然的洪水，并能让它们听从人的安排。从远古时代一直到春秋战国时代，人们认为琴音通神灵，可借其判断吉凶福祸。《韩非子·十过》记载了卫灵公与晋平公之会。卫国乐官师涓演奏了从濮水边新听来的音乐，但不知何人所作。晋国乐官师旷一听就指出音乐大凶，是商纣时代乐官师延所作。纣亡，师延投濮水自杀。当时人们认为这种音乐很不吉利，谁听到它，谁的国家就会衰落。古籍记载的故事显现了琴曾经作为法器存在的这个身份。

二、礼器

历史进入西周，琴的身份也慢慢发生了变化。与"先鬼后礼"的商人不同，周人相信"皇天无亲，唯德是辅"（《诗经》），主张唯有德行的君主才能长保上天的庇佑，所以周公制礼作乐巩固统治。琴与其他宫廷乐器一样，主要为贵族在宴飨或者各种典礼仪式上演奏。随着礼乐制度的施行，宫廷出现了专职乐师，如磬师、钟师、琴师、笙师等，其中更有一类善琴瑟的乐师名叫"瞽蒙"。《周礼·春官宗伯第三》记载道："瞽蒙掌播……埙、箫、管、弦、歌。讽诵诗，世奠系，鼓琴瑟。掌《九德》、六诗之歌，以役大师。"瞽蒙指盲人乐师，他们必须精通多种乐器。世奠系，指序陈先王的世系，述其德行，惕厉时君。鼓琴瑟，通过琴歌规谏君王。琴就成了君王品德教化的乐器，也逐渐成为贵族阶层规范个人行为礼仪的礼器。宫廷大乐师不仅掌国中音律，也掌贵族阶层的音乐教育。

到了春秋时期，尽管孔子认为周礼不复，已经礼崩乐坏，但是宫廷的乐师们依然遵循着古礼，身体力行，以琴教化君王。其中最为著名的就是晋国的乐师师旷。《琴史·师旷篇》记载了那次卫灵公和晋平公之会。晋平公坚持让师涓演奏完濮水边听到的曲子，问师旷这是什么曲子。师旷回答此曲叫《清商》，但比不上《清徵》。《琴史》中记载道："公使为《清徵》，一奏之，有玄鹤二八，集于廊门；再奏之，延颈而鸣，舒翼而舞。平公大喜，问曰：'音无此最悲乎？'师旷曰：'不如《清角》。昔者黄帝以大合鬼神，今君德义薄，不足以听之，听之将败。'平公曰：'愿遂闻之。'师旷不得已，援琴而鼓之。一奏之，有白云从西北起；再奏之，风至而雨随之，飞廊瓦，左右皆奔走。平公恐惧。晋国大旱，赤地三年。"

师旷演奏《清徵》，引来十六只玄鹤，引颈而鸣，舒翼而舞。但是晋平公还不满足，想听《清角》。师旷说，这是有德之君才可以听的音乐，而晋平公德义尚薄，还不能够听这首曲子，否则会招致祸患。晋平公不听。师旷不得已，又抚琴而奏。少顷，乌云从西北升起，随着音乐的进行，而后狂风骤雨，暴雨倾盆，砖飞墙塌，晋平公惊吓之下，一病不起。晋国此后还遭遇了三年可怕的旱灾。之所以会得到如此结果，是因为《清角》是一曲只有像黄帝这样的圣君明主才够资格听的音乐，德薄的君王听了会招致灾祸。这个传说的意义有二：其一，师旷预借琴曲来教导君主要成为有德之君，彰显了以琴教化的礼器功能；其二，师旷弹奏古琴引来异象，与上古时期相传的琴音能够沟通人神关系的观念一脉相承，由此进一步强化了古琴的教化作用。《国语·晋语》中记录了师旷对音乐功能的诠释："公室其将卑乎！君之明兆于衰矣。夫乐以开山川之风，以耀德于广远也。风德以广之，风山川以远之，风物以听之，修诗以咏之，修礼以节之。夫德广远而有时节，是以远服而迩不迁。"

将美政与德行赋予诗乐歌舞发扬四方，听四时八方之风，协之于音律，而判断阴阳的郁滞顺畅，人情的怨乐，兵势的强弱；将直抒胸臆的诗章谱成歌曲演唱，既用于了解下情，又用于推广教化功能；琴乐与礼仪规范相辅相成，节制人君言行举止的分寸。这样便能使国君恩德广布，四时顺畅，风雨协调，百姓劳作有时，上下举止有节，会使得远方的异族来朝臣服归顺，国内臣民拥护，重土不迁。师旷的乐论其实就是礼乐治国之道，是古代乐师智慧的结晶。中国古代的《乐记》也记载了音乐的教化功能："是故先王之制礼乐也，非以极口腹耳目之欲也，将以教民平好恶而反人道之正也。"在礼乐体系下，"德成而上，艺成而下"，乐在宗庙之中，君臣上下同听之，则莫不和敬；在族长乡里之中，长幼同听之，则莫不和顺；在闺门之内，父子兄弟同听之，则莫不和亲。

在礼乐制度下，祭祀和礼乐活动中，歌、舞以及乐器的配套、规格和先后次序都有严格的规定。作为礼器存在的琴通常是在仪式乐队的合奏中发挥作用。

三、道器

随着朝代的更迭，民间新乐郑卫之声日益受到重视，而正统的雅乐逐渐失去以往至高无上的神圣地位。乐师们纷纷另谋出路，琴乐因此流向民间，出现了一批以琴见长的民间弹琴高手，如邹忌、雍门周、伯牙等。琴从宫廷飞入民间，琴乐脱离政治教化的功能，开始强调其内在的个体修身养性的功能。琴乐成了人与自然交流、观照个人内心世界、认识自我的一种途径。由此以琴载道的功能也逐渐形成。在后世中，随着儒道思想的形成，琴道一脉不断发展，延续至今。

儒家重视个人道德修养，尤重慎独，要求即使在独处时也时刻谨慎对待自己的行为，自觉遵守道德和礼法的要求。可"禁止淫邪，正人心"的琴，其音乐功能恰好符合儒家对人格培养的要求。于是，以琴修身养性成为士大夫生活中不可或缺的部分。琴也慢慢从其他乐器中独立出来，作为圣人之器而存在。同时作为道器存在的琴也传承了琴为礼器的功能。杨表正《弹琴杂说》认为鼓琴时，要先须衣冠整齐，或鹤氅或深衣，要知古人之像表，方可称圣人之器。吴澄《琴言十则附指法谱》认为弹琴时无问有人无人，常如对长者在前，身须端直，且神鲜、意闲、视专、思静。

抚琴前不仅要穿上庄重的服装，还要洗手、漱口、焚香，坐于琴前，犹如立于长者面前一样，态度要谦卑，抚琴的动作也要庄重，不可以有飞抚作势轻薄之态，要威仪可观。

此外，作为道器的琴，其目的是养性而非演奏悦人。很多人认为琴道中人喜欢自娱自乐，不重技法，可以不需技术乱弹琴，其实未必。在音乐审美上，作为道器的琴乐有自己的取音特点、用指之道以及音乐要求。"取声欲淡，又欲自然，其妙在于轻重切当，缓急得宜；若布指拙恶，节奏疏懒，与艳巧多端，声调繁杂，皆琴之疵缪，不可不戒。琴资简静，无增容声，然须理会手势，则威仪可观；若按弦不问甲肉，前指不副后指，而且擘撮拂历，掌腕蹲探无法，是尚未得妙指，虽在弹，奚以为哉。……古人制曲，或怡情自适，或忧愤传心，须要识其意旨；若徒取声，则情与制违，古人风调何有于丝桐之间。"（吴澄《琴言十则附指法谱》）

取音以淡、自然、简静为审美，运指要周正微妙，音乐要能表达主旨而非弹出声音。再如明代《风宣玄品·鼓琴训论》所述："然如是鼓琴，须要解意。……先要人物风韵标格清楚，又要指法好，取声好，胸中要有德，口上要有髯，肚里要有墨，六者兼备，方无忝于琴道。"

由此可知，琴道一脉并非如旁人眼里的不讲究地随心而弹，相反，他们十分讲究：仪表要好，指法要好，取音要好，要有德，要有阅历，要读书。这"六要"到位才不玷辱琴道。因此习琴道者，先习得规矩知方圆，再以心法为宗旨，日日修习，出于技法而后破之，达到随心所欲不逾矩，最后心手相合，心与妙会，神与道融，才有可能获得心灵的自由和人格的圆满，这是琴道一脉的真正目标。正如《风宣玄品·鼓琴训论》中所说："德不在手而在心，乐不在声而在道，兴不在音而在趣，可以感天地之和，可以合神明之德。"

历史上不乏艺道双修的名家，如汉蔡邕、刘向、桓谭，晋嵇康，宋范仲淹，元代耶律楚材等文人音乐家。

四、乐器

琴的本质是乐器，是中华民族最传统的乐器。西周时期已将乐器按照制作材料的不同，分为金、石、丝、竹、匏、土、革、木八大类。《国语·周语下》对八音的记载是："金石以动之，丝竹以行之，诗以道之，歌以咏之，匏以宣之，瓦以赞之，革木以节之。"金即钟（如编钟），石即磬，丝即琴、瑟，竹即箫、管，匏即笙、竽，瓦即埙，革即鼓，木即柷、敔（"雅乐"所用的打击乐器）。这是西周时期乐队的组合，八音和鸣，表达的是天地和畅的境界。

作为丝音的代表，古琴音域宽广，音色深沉，余音悠远。其音域达4个八度，有散、按、泛3种音色，散音7个、泛音91个、按音147个。好的古琴具备九德：奇、古、透、静、润、圆、清、匀、芳。

在音乐演奏上，曾任乐部太常寺协律郎的明初琴家冷谦写了《琴声十六法》，要求琴音具有"轻、松、脆、滑、高、洁、清、虚、幽、奇、古、澹、中、和、疾、徐"之美。到明末，虞山派琴家徐上瀛所著《溪山琴况》拓展了古琴音乐美学，在严澂提倡的"清、微、淡、远"的基础上，提出了"和、静、清、远、古、澹、恬、逸、雅、丽、亮、采、洁、润、圆、坚、宏、细、溜、健、轻、重、迟、速"二十四要诀，系统地阐述了弹琴要点和琴学的美学原则。

以"轻"和"松"为例，《琴声十六法》提出："不轻不重者，中和之音也。起调当以中和为主，而轻重特损益之，则其趣自生。盖音之轻处最难，力有未到则浮而不实，晦而不明，虽轻亦不嘉。惟轻之中，不爽清实，而一丝一忽，指到音绽，幽趣无限，乃有一节一句之轻，有闲杂高下之轻，种种意趣，皆贵于清实中得之。""吟猱妙处，宛转动荡无滞无碍，不促不慢，以至恰好，谓之松。吟猱之巨细缓急，俱有松处。……方可名松。"

右手拨弦忌重浊，但是弹得过轻则会导致音不实也不美，力度要控制得不轻不重恰到好处。再看左手要求：左手在弦上往来逗留要毫无滞碍，松活自然，达到指与弦如胶似漆。很显然，作为乐器存在的琴要演奏好也非易事。历代都有不少弹琴高手以技艺扬名谋生。春秋时期的伯牙弹琴六马仰秣，唐代的薛易简以琴待诏翰林，能操琴曲340首之多。

唐天宝时期著名琴师董庭兰（即董大），师从凤州（今属陕西凤县）琴师陈怀古，学得当时流行的"沈家声""祝家声"，有着出神入化的演奏技艺。著名诗人高适还赠诗给他，"莫愁前路无知己，天下谁人不识君"，表达了诗人与这位音乐家的深挚情谊和对他高超技艺的赞美。

在漫长的发展中，不同的地域民风形成了各具特点的琴艺流派。琴派是具有共同艺术风格的琴人所形成的流派。所谓共同性，一般取决于地方色彩、师承渊源、本派所依据的传谱、琴学观点及基本演奏风格。自唐朝起，琴学流派就已见于著录。如隋唐赵耶利所述："吴声清婉，若长江广流，绵延徐逝，有国士之风。蜀声躁急，若激浪奔雷，亦一时之俊。"到宋代，形成了浙操、闽操和江操。明确称"琴派"始自明末虞山派和清代广陵派。各个琴派之间差别主要决定于地区、师承和传谱等条件。同一地区的琴人经常彼此交流，相互学习，同时又受当地民间音乐的影响，从而形成相近的演奏风格，使琴曲亦有特殊的地方色彩。明末至现代，以地域为区别，相继出现了虞山派、广陵派、浦城派、泛川派、九嶷派、诸城派、梅庵派、岭南派、新浙派等九大琴派。以地区划分、命名的琴派还有很多，如松江派、金陵派、中州派等。古代代表性的琴家有郭楚望（南宋浙操）、徐常遇（广陵派）、徐上瀛（虞山派）、祝桐君（浦城派）、张孔山（泛川派）、王溥长（诸城派）、黄焗南（岭南派）等。近现代代表性的琴家有杨宗稷（九嶷派）、徐元白（新浙派）、管平湖（九嶷派）、吴景略（虞山派）、吴兆基（吴门琴派）、王燕卿（梅庵派）、张子谦（广陵派）、刘少椿（广陵派）、顾梅羹（泛川派）等，当代琴家有龚一、李祥霆、成公亮、陈熙珵、丁承运、戴晓莲、赵家珍等。

五、结语

以上分析了琴在历史演变中的身份变化，经历了从法器到礼器、道器和乐器的不同身份。每一种身份的变化都不是单一的。它在作为礼器的时代也保留着法器的功能，在作为道器的时代也不否定礼器的重要性，而乐器和道器更是不可分割的关系。孔子说，君子要"志于道""游于艺"。《今虞·学琴三要》

里谈道："学琴者，非首重性情，虽声调铿锵，音律精审，是犹乐人之琴，而非儒者之琴也……桐君先生尝谓人有好性情，方可弹到琴之真性情。是可知琴学之重要所在矣。"据说桐君先生习琴极其用功，日弹千遍，几忘寝食，过了十余年，指法已经十分娴熟，但终未臻神妙之境。这时他的伯兄对他说："此岂徒求于指下声音之未可得哉？须由养心修身所致，而声自然默合以应之。汝宜端本，毋逐末也。"于是祝君得悟"学贵修德，务其大者"之琴道根本。但是若认为琴学之要只在修德，而轻视琴艺，则又落入误区。若非有苦练琴艺的铺垫，祝君即使有了好性情，指下音不到，也难以达到妙境，所以艺为根基，德为根本，二者相辅相成，琴道始成。

今人弹琴，须深刻理解琴的多重身份，不可孤立地看待琴的某单一身份。尤其当代年轻人学琴，往往注重琴作为乐器的存在，因此格局就显得狭隘。纵观历史，从作为最原初的巫师琴，到仪式琴和文人琴，不同的身份背后呈现的是中华民族的巫文化、礼乐文化以及儒家文化。今人在学习琴艺的时候，同时需要学习支撑琴乐的哲学和美学思想。简言之，我们要明确习琴的文化意义。

琴的款式

古琴琴体长约 130 厘米，宽约 20 厘米，高约 7 厘米，由面板和底板合成一个中空的共鸣箱。

面板呈弧形，宽的一端为琴首，琴首顶端的位置叫"额"。额的左边嵌着一条木头叫作"承露"。承露上面穿有 7 个小孔叫作"弦眼"。承露左边高起的一条木头叫"岳山"。岳山左面八九分叫"起项"。起项到肩的部分稍凹处名为"颈"。从肩起往下渐渐收狭，到琴身约 2/3 处，又有一凹处叫作"腰"。腰以下为琴尾。尾端的两侧装饰有稍微高起的棱角状木头，叫作"冠角"，或者"焦尾"。两片冠角之间稍凹之处叫作"龙龈"。琴弦从弦眼穿过，架过岳山一直到琴尾经过龙龈，最后缠绕到琴底的雁足上。琴面共张有 7 根弦。第一弦的外侧，嵌有一排 13 颗圆点，叫作"徽"。

再看底板。底板平，对着琴面额的部分叫作"嗉"。嗉的左边有一长方形的小槽，叫作"轸池"。轸池内有 7 个小孔，通面板上的弦眼。琴首下面垂下的两只足为"护轸"。琴底的中间大约在琴面 4 徽和 7 徽间有一空洞，叫作"龙池"。在腰的中间大约琴面 9 徽和 10 徽之间琴的两侧装有雁足。再往下约琴面 10 徽与 13 徽之间又有一空洞，叫作"凤沼"。琴尾端中间稍凹的地方，镶有硬木，叫作"龈托"。琴弦经过龙龈和龈托缠绕在雁足上。

　　古琴的形制体现了中国古人"天圆地方"的宇宙观。琴面呈圆弧形，代表"天"；琴底平而方，代表"地"；琴额、颈、肩、腰、尾、足代表"人"。一床琴是天、地、人三合之作。天地亘古不变，人则千变万化，于是智慧的古人通过琴额、颈部、腰部和尾部上的不同线条造型创制了不同的款式，同时以古圣贤或自然界景物等命名之。南宋田芝翁的《太古遗音》是我国最早载有古琴样式的古籍。明初袁均哲根据《太古遗音》所编的《太音大全集》中已收录历代不同琴式 38 种。至明代的《风宣玄品》《文会堂琴谱》《古音正宗》等书，所录琴式增加至 40 余种。清初的《五知斋琴谱》所录琴式则达 50 余种。当代著名制琴家如北京王鹏、扬州马维衡等也有不少新创样式。

　　以古圣人命名的琴有：伏羲式、神农式、黄帝式（递钟式）、虞舜式、仲尼式、列子式等。以琴人琴家命名的琴有：师旷式、伯牙式、子期式、师襄式、师曹式、伶官式、雷威式、梁銮式等。以自然界的景物命名的琴有：混沌式、落霞式、蕉叶式、鹤鸣秋月式、此君式（又叫竹节式）、霹雳式（凤势式）、万壑松式（灵机式）、飞瀑连珠式、凤嗉式、响泉式、残雷式、绿绮式、玉玲珑式等。另外还有正合式、养和式、宣和式、亚额式等款式。

　　以上式样中，为历代琴人喜欢且常见的式样有仲尼式、伏羲氏、神农式、混沌式、列子式、连珠式、蕉叶式、落霞式、伶官式、灵机式、响泉式、凤势式、师旷式、亚额式、鹤鸣秋月式等。以下来欣赏几款常见的古琴。

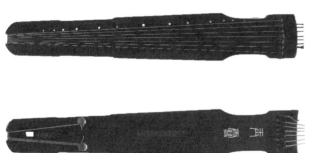

仲尼式

在腰项处各呈方折凹入，造型简洁朴素，声音清雅纯正。

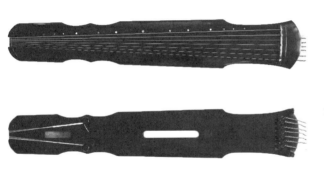

伏羲式

造型圆浑古朴，项腰各有半月形弯入，音色宽宏。

神农式

上部从琴肩部位起弯直接连到琴头；下部窄尾：琴尾自斜坡腰收窄之后，平直渐窄至尾部。

混沌式

颈、腰部分无曲线，浑然一体，造型古朴圆润，取天地混沌初开之意。

蕉叶式

相传为刘伯温所创制，形似蕉叶，琴首有一叶柄，琴底仿蕉叶之茎。

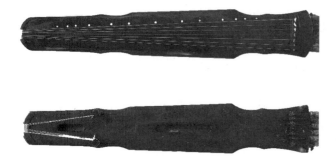

灵机式

相传为汉代名士梁銮所作。圆首，自琴首至肩处内收呈半葫芦状，腰部内收作一圆弧。该式样又称"万壑松式"，概取自李白咏琴名句"为我一挥手，如听万壑松"。

存世唐宋名琴赏析

　　唐朝是琴文化发展的最重要时期之一。唐代的斫琴名家很多，北宋陈旸《乐书》记载："然斫制之妙，蜀称雷霄、郭亮，吴称沈镣、张越，霄、亮清雅沉细，镣、越虚鸣而响亮。"据此文献，唐代以雷、郭、张、沈四家最为有名，四家中"雷"指雷霄，"郭"指郭亮，二人乃蜀中名家，"张"指张越，"沈"指沈镣，二人为吴地斫琴家。《琴苑要录·斫琴记》记载："唐贤取重唯张、雷之琴。雷琴重实，声温劲而雅。张琴坚清，声激越而润。"雷氏出于四川，有三代共九位斫琴大家，号称"蜀中九雷"，分别为雷绍、雷霄、雷震、雷威、雷俨、雷文、雷珏、雷会、雷迅，其中雷绍、雷霄、雷震、雷威、雷俨为第一代，时在唐代开元年间。雷家世代造琴，其中以雷威最为著名，传说他的技艺经世外高人指点，出神入化。《琅嬛记》记载："雷威斫琴不必皆桐，每于大风雪中独往峨嵋，择松杉之优者伐而斫琴，妙过于桐。"这同时还说明唐代制琴大师雷威已经开始用杉木制琴了。苏轼《杂书琴事》记载了雷公琴的特点："其岳不容指，而弦不㪍。其声出于两池间。其背微隆，若薤叶然。声欲出而溢，徘徊不去，乃有余韵，其精妙如此。"《琴雅》云："贞元中，成都雷生所制之琴，精妙无比，弹之者众。"现北京故宫博物院藏有唐代雷琴"九霄环佩""大圣遗音"等，浙江省博物馆藏有唐代雷琴"彩凤鸣岐""来凰"等。现存的传世唐琴主要包括：诗梦斋旧藏的"九霄环佩"，汪孟舒旧藏的"春雷""枯木龙吟"，北京故宫博物院藏的"大圣遗音"，上海吴金祥旧藏的"九霄环佩"，"台北故宫博物院"藏的"春雷"（原张大千藏），山东博物馆藏的"宝袭"，北京曹桓武旧藏的"云和"，李伯仁旧藏的"飞泉""独幽"，旅顺博物馆藏的"春雷"，查阜西旧藏的"一池波"，管平湖旧藏的"冥王"，冯恕旧藏的"松风清节"，成公亮所藏的"秋籁"等。

宋代的斫琴名家也很多，如朱仁济、马亮亮、马希仁、僧仁智、石汝砺、金渊、金公路、陈亨道、严樽、马大夫、梅四言等人。其中石汝砺所著的《碧落子斫琴法》一书，是宋代重要的斫琴学专著，书中记载了古琴因其斫制过程中面板、底板的厚薄比例不同而产生不同的音声效果，其书中云："凡面厚底薄，木浊泛清，大弦顽钝，小弦焦咽。面底俱厚，木泛俱实，韵短声焦。面薄底厚，木虚泛清，利于小弦，不利大弦。面底皆薄，木泛俱虚，其声疾出，声韵飘荡。面底相当，虚实相称，弦木声和。"（注："木"指的是按音，"泛"指的是泛音，"小弦"即细弦，"大弦"即粗弦。）

现存的传世宋琴有故宫博物院藏北宋"万壑松琴""金钟琴"和南宋"玲珑玉琴""清籁琴"等，重庆中国三峡博物馆藏北宋"松石间意琴"，天津博物馆藏南宋"玉壶冰琴"，安徽博物院藏宋"飞龙琴"等。

一、伏羲式："九霄环佩"琴（唐 雷琴）

"九霄环佩"琴（伏羲式）一共存世四张，均为唐琴，分别收藏在故宫博物院、中国国家博物馆、辽宁省博物馆，另有一张为何作如先生私人收藏，其中以北京故宫博物院所藏的"九霄环佩"琴最为有名。琴以梧桐作面，杉木为底，发小蛇腹断纹。年代久远的琴，琴面的漆会起裂纹，叫作"断纹"，有"蛇腹断""流水断""牛毛断""冰纹断""梅花断"等。

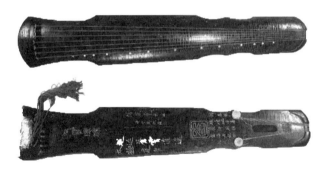

唐代"九霄环佩"琴（伏羲式）

该琴相传为唐代斫琴家雷威所制。琴背池上方刻篆书"九霄环佩"四字，池下方刻篆文"包含"大印一方，池右刻"超迹苍霄，逍遥太极。庭坚"行书 10 字，左刻"冷然希太古，诗梦斋珍藏"行书 10 字及"诗梦斋印"一方。在琴足上方刻"霭霭春风细，琅琅环佩音。垂帘新燕语，沧海老龙吟。苏轼记" 23 字。凤沼上方刻"三唐琴榭"椭圆印，下方刻"楚园藏琴"印一方。腹内左侧刻寸许楷书款"开元癸丑三年斫"七字。以上铭刻中"九霄环佩"及"包含"印为同时旧刻，苏、黄题跋及腹款均系后刻。

二、灵机式："大圣遗音"琴（唐　雷琴）

自铭"大圣遗音"的古琴，世上现存有 2 床。其中一床藏于故宫博物院（灵机式）。琴面为桐木，色黄质松，纹直而密。琴身通长 120.3 厘米，肩宽 20.2 厘米，通身漆黑色。琴身上刻"大圣遗音"和隶书铭文"巨壑迎秋，寒江印月。万籁悠悠，孤桐飒裂"，下方刻篆书"包含"。龙池内有朱漆隶书"至德丙申"（唐代至德元年，即公元 756 年，唐肃宗李亨继位第一年）。

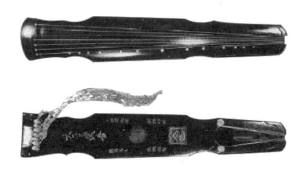

唐代"大圣遗音"琴（灵机式）

关于"大圣遗音"琴的来历，北宋陈旸《乐书》记载："唐明皇返蜀，诏雷俨待诏襄阳。"即唐玄宗在安史之乱中入蜀又返回长安后，诏蜀中雷俨为琴待诏，负责斫琴。"大圣遗音"琴很有可能是唐玄宗命雷俨为庆贺儿子唐肃宗即位而专门斫制的宫琴。1960 年，古琴专家郑珉中、顾铁符为"大圣遗音"琴写了一段鉴定意见：传世最古之名琴，造型优美别致，色彩璀璨古穆，断纹隐起如虬，铭刻精整富丽，不愧是一件"天府"奇珍，琴中之宝，定为一级品甲。

三、落霞式："彩凤鸣岐"琴（唐 雷琴）

唐琴"彩凤鸣岐"（落霞式），现藏于浙江省博物馆。其通长 124.8 厘米，有效弦长 116.3 厘米，额宽 16.3 厘米，肩宽 18.8 厘米，尾宽 12.5 厘米，两肩之间最厚处为 5.4 厘米，岳山高 1.3 厘米，厚 0.9 厘米，承露 1.5 厘米。该琴造型古朴、典雅，背面有冰裂断和小流水断，龙池上方有"彩凤鸣岐"琴名，下为杨宗稷的三段鉴藏赞美铭，龙池腹腔内有正楷"大唐开元二年雷威制"题刻。

龙池两侧行书题款：

　　唐琴第一推雷公，蜀中九雷独称雄。戊日设弦已施漆，信有鬼斧兼神工。

　　选材酣饮冒风雪，峨嵋松迈峄阳桐。吴越百衲云和样，春雷犹见宣和宫。

　　灵开村中八日合，杂花亭畔余仙踪。秋堂忘味成雅器，雾中山远闻霜镛。

　　微弦一泛山水深，率更妙墨留池中。伏羲样剪孙枝秀，徐浩题字石经同。

　　嗟予嗜琴已成癖，京华十稔搜罗穷。良材入手惊奇绝，物萃所好神亦通。

　　开元二年题名在，千二百载刹那空。落霞仿古神女制，如敲清磬撞洪钟。

　　成连子期不可作，曲终目送冥冥鸿。会当嵌金字刘累，常恐风雨随飞龙。

　　落款"开元后廿年甲寅荷花生日九疑山人杨宗稷自题"。下钤白文篆书"时百所藏"长方印。龙池下方右侧杨宗稷又题"大唐开元二年雷威制"。琴上铭有"庚申二月，与朗贝勒公祭长沙张文达公于岳云别业。贝勒见此云，定慎郡王旧藏百余琴，庚子散失，此为第一。因赠长歌有'曾存定府先人言，我持此琴三叹息'之句。定府琴有名于时，识之以告来者。宗稷再题"。龙池下方左侧楷书七言绝句"禅寮花落画愔愔，猿啸龙吟万籁沉。定府旧藏真第一，曲终人远晚烟青"。落款"辛酉上巳为时佰先生题，杨懿年时同居法源寺"。

　　"彩凤鸣岐"原文出自《国语·周语》："周之兴也，鸑鷟鸣于岐山；其衰也，杜伯射王于鄗。是皆明神之志者也。"三君注："鸑鷟，凤之别名。"近代琴学大师杨宗稷评价该琴"声音绝佳"，"可谓凤毛麟角矣"。

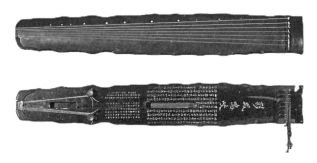

唐代"彩凤鸣岐"琴（落霞式）

四、仲尼式："万壑松"琴（北宋）

北宋"万壑松"琴，通长 128.6 厘米，额宽 19 厘米，尾宽 14.9 厘米。此琴桐面梓底，木极朽败，通体黑漆，八宝灰胎，发蛇腹冰纹，间牛毛断，琴头偶有梅花断，长方池沼，金徽为后置，青玉轸，白玉足，红木岳尾，凤舌为另作镶嵌。琴底龙池上方刻楷体"万壑松"琴名，池左右填青色行草琴铭：

> 九德兼全胜磬钟，古香古色更雍容。
> 世间尽有同名器，认尔当年万壑松。

上署"岁在丙申夏历正月初六日"，下款"析津蒙叟题藏，时年七十有七"，并有填红小印"宋兆芙印""镜涵"，又"天峰居士书镌，时年六十有一"，并有填红小印"朱""宝成"，末题"孔子降生二千五百零七年"。"镜涵"乃近代天津琴家宋镜涵印，"宝成"则为天津书家朱宝成印。所谓"丙申""孔子降生二千五百零七年"，即 1956 年。

北宋"万壑松"琴（仲尼式）

五、神农式:"玉壶冰"琴(南宋)

"玉壶冰"琴(神农式),现藏于天津博物馆。琴面为桐木斫,纹理直而坚。琴长 123.9 厘米,肩宽 22 厘米,尾宽 15.1 厘米,鹿角灰胎,外髹朱漆,通身有蛇腹纹及冰断纹,局部间细牛毛断纹,蚌徽,是传世南宋琴中的精品。龙池凤沼皆作长方形,池长 21.2 厘米、宽 2.3 厘米,沼长 12.0 厘米,宽与池同,口沿镶对角紫檀木条。足池安白玉足 1 对,轸池用硬木轸 1 副。内有"金远制"款,池上刻草书"玉壶冰"铭,其下刻篆文"绍兴"(南宋高宗赵构年号)印。"金远制"是指这张琴出自南宋制琴名家金远之手。"玉壶冰"之名大概出于唐王昌龄《芙蓉楼送辛渐》诗中的"一片冰心在玉壶"一句。

宋代"玉壶冰"琴(神农式)

第四节

传说中的四大名琴

一、号钟（所属：齐桓公）

"号钟"是周代的名琴。此琴音之洪亮，犹如钟声激荡，号角长鸣，令人震耳欲聋。传说古代杰出的琴家伯牙曾弹奏过"号钟"琴。后来"号钟"传到齐桓公的手中。齐桓公是齐国的贤明君主，通晓音律。当时，他收藏了许多名琴，但尤其珍爱这张"号钟"琴。他曾令部下敲起牛角，唱歌助乐，自己则奏"号钟"与之呼应。牛角声声，歌声凄切，"号钟"则奏出悲凉的旋律，使两旁的侍者个个感动得泪流满面。

二、绕梁（所属：楚庄王）

晋傅玄《琴赋序》："齐桓公有鸣琴曰号钟，楚庄有鸣琴曰绕梁。"宋虞汝明《古琴疏》："华元献楚庄王以绕梁之琴，鼓之，其声嫋嫋，绕于梁间，循环不已。"

"绕梁"其语源于《列子·汤问》中的一个故事：

薛谭学讴于秦青，未穷青之技，自谓尽之；遂辞归。秦青弗止。饯于郊衢，抚节悲歌，声振林木，响遏行云。薛谭乃谢求反，终身不敢言归。秦青顾谓其友曰："昔韩娥东之齐，匮粮，过雍门，鬻歌假食。既去而余音绕梁欐，三日不绝。左右以其人弗去。过逆旅，逆旅人辱之。韩娥因曼声哀哭，一里老幼悲愁，垂涕相对，三日不食。遽而追之。娥还，复为曼声长歌，一里老幼喜跃抃舞，弗能自禁，忘向之悲也。乃厚赂发之。故雍门之人至今善歌哭，效娥之遗声。"

后以"绕梁"形容歌声高亢回旋，久久不息。琴以"绕梁"命名，足见此琴音色之特点，必然是余音不断。据说楚庄王自从得到"绕梁"以后，整天弹琴作乐，陶醉在琴乐之中。有一次，楚庄王竟然连续七天不上朝，把国家大事都抛在脑后。王后樊姬异常焦虑，规劝楚庄王说："君王，您过于沉迷在音乐中了！过去，夏桀酷爱妹喜之瑟，而招致了杀身之祸，纣王误听靡靡之音，而失去了江山社稷。现在，君王如此喜爱"绕梁"之琴，七日不临朝，难道也愿意丧失国家和性命吗？"楚庄王闻言陷入了沉思。他无法抗拒"绕梁"的诱惑，只得忍痛割爱，命人用铁如意去捶琴，琴身碎为数段。从此，"绕梁"绝响。

三、绿绮（所属：司马相如）

"绿绮"是汉代著名文人司马相如的琴名。司马相如原本家境贫寒，徒有四壁，但他的诗赋极有名气。梁王慕名请他作赋，相如写了一篇《如玉赋》相赠。此赋辞藻瑰丽，气韵非凡。梁王极为高兴，就以自己收藏的"绿绮"琴回赠。"绿绮"是一张传世名琴，琴内有铭文曰"桐梓合精"，即桐木、梓木结合的精华。相如得"绿绮"，如获珍宝。他精湛的琴艺配上"绿绮"绝妙的音色，使"绿绮"琴名噪一时。后来，"绿绮"就成了古琴的别称。

据《史记·司马相如列传》，一次，司马相如访友，富豪卓王孙慕名设宴款待。酒兴正浓时，众人说："听说您'绿绮'弹得极好，请操一曲，让我辈一饱耳福。"相如早就听说卓王孙的女儿文君，才华出众，精通琴艺，而且对他极为仰慕，于是司马相如就弹起琴歌《凤求凰》向她求爱。文君听琴后，理解了琴曲的含义，不由脸红耳热，心驰神往。她倾心相如的文才，为酬"知音之遇"，便夜奔相如住所，缔结良缘。从此，司马相如以琴追求文君，被传为千古佳话。

四、焦尾

"焦尾"是东汉著名文学家、音乐家蔡邕亲手制作的一张琴。《后汉书·蔡邕传》曰："吴人有烧桐以爨者，邕闻火烈之声。知其良木，因请而裁为琴，果有美音，而其尾犹焦，故时人名曰焦尾琴焉。"蔡邕在亡命江海、远迹吴会时，曾于烈火中抢救出一段尚未烧完、声音异常的梧桐木。他依据木头的长短、形状制成一张七弦琴，果然声音不凡。因琴尾尚留有焦痕，就取名为"焦尾"。"焦尾"以它悦耳的音色和特有的制法闻名四海。

汉末，蔡邕死后，"焦尾"琴仍完好地保存在皇家内库之中。三百多年后，齐明帝在位时，为了欣赏古琴高手王仲雄的超人琴艺，特命人取出存放多年的"焦尾"琴，让王仲雄演奏。王仲雄连续弹奏了五日，并即兴创作了《懊侬曲》献给明帝。到了明朝，据说昆山人王逢年还收藏着蔡邕制造的"焦尾"琴。

琴人篇

第二章

琴人，顾名思义，指擅长弹琴的人。除了这个称谓，还有琴待诏、琴师、琴家等称呼。琴待诏，特指宫廷乐师。汉代以才技征召士人，使其随时听候皇帝的诏令，谓之待诏。在古琴界，琴师可指琴艺精湛到演奏水平或传授技艺水平的古琴演奏员或者古琴教师。在古代，一些琴师也会依附于权贵之家，以精湛的琴艺服务贵族谋取生计。琴家是现代琴师队伍中的佼佼者，以技艺立身扬名的琴师。此外，在制作古琴方面有较深造诣的人被称为斫琴师。

综上所述，琴人的群体是最大的，涵盖了琴待诏、琴师和琴家等特殊群体。本章我们将介绍古今中外出类拔萃的琴人，希望从他们的生平事迹中获得精神感召和艺术提升。

下文分三小节分别介绍有代表性的国内职业琴人和文人琴人以及海外琴人。

第一节

职业琴人

　　历史上最早的职业乐师，可追溯到黄帝的乐官伶伦和虞舜的乐官夔。乐官是掌管音乐的官吏。按照周代的规定，音乐技能和德行才干都非常出色的乐人可以被任命为太师和少师。太师之职，身份是下大夫。因此在春秋战国时期，有一批出色的掌乐大夫，以"师"为称谓，如：卫国的师涓、师曹、鲁国的师襄、师己，郑国的师慧，等等。我们要介绍的第一位琴师就是其中最耀眼的那位，他就是晋国的掌乐大夫师旷。

　　史书记载，师旷的音乐和政治活动主要发生在晋悼公（前572—前558在位）和晋平公（前557—前532在位）年间。师旷是个盲人，精于辨音审律。下面以一则故事为例。晋平公叫人铸成了一口大钟，乐工们都认为此钟是合乎律制的，唯独师旷认为不合，后来师涓来校正钟律的时候，认同了师旷的判断。作为乐师，师旷用自己的音乐技能服务于君王，每逢国祭、国宴等重大场合，他必率领众乐师奏乐咏颂。作为大夫，他凭借着自己的智慧向君王建言献策。晋平公做了一张琴，大弦和小弦音高相同，就让师旷来调整。师旷借机向晋平公进言君臣之道。他说："对于琴而言，大弦好比是君主，小弦好比是臣下。只有大小相应，才能和合阴阳，成就美声。现在您让它们相互混同，我这个盲人怎么可能调好呢？"西汉刘向的著作《新序》中还记载了"国有五墨墨"

的故事：有一次，晋平公闲来无事，让师旷陪他说话。忽然，晋平公感叹说师旷生来就没有瞳仁，他的世界一片昏暗，真可怜。师旷说："未必。其实天下有五种昏暗，而我还没赶上其中之一呢。"然后师旷就向晋平公一一描绘这五种昏暗。第一种昏暗：群臣通过行贿来取得名誉，百姓受了冤屈而无处伸张，君王对此不闻不问。第二种昏暗：忠臣不用，用臣不忠，蠢才高居要职，小人压制贤明，君王对此不知不晓。第三种昏暗：奸诈的臣子用欺骗的手段掠取国库，玩弄小聪明来掩盖自己的罪恶，贤人被驱逐，奸佞享受尊荣，君王不觉不察。第四种昏暗：国家贫穷，人民疲惫，你争我斗，上下不和，而君王喜好货财、崇尚武力，醉心于谄媚阿谀之言而不醒悟。第五种昏暗：治理国家没有章法规则，法令制度不能实行，官吏民众都使用种种邪恶不正的手段办事，百姓生活在无序不安之中，可君主对此不明不白。国家陷入这五种昏暗，没有不危险的。师旷说，比较起来，他的昏暗不过是小昏暗，还不至于危害到国家的生存。

师旷曾借琴声告诫君王：如果君主无德无功又徒好淫乐，就会落得害民害己的下场。《韩非子》中还有一则师旷用琴撞晋平公的故事：晋平公和臣子们在一起喝酒。酒喝得正高兴时，晋平公就得意地说："没有什么比做国君更快乐的了！只有他的话没有谁敢违背！"师旷正在旁边陪坐，听了这话，便拿起琴朝他撞去。晋平公连忙收起衣襟躲让，结果琴撞到墙壁上坏掉了。晋平公说："乐师，您撞谁呀？"师旷故意答道："刚才有个小人在胡说八道，因此我气得要撞他。"晋平公说："说话的是我呀。"师旷说："哎！这不是为人君主应说的话啊！"左右臣子认为师旷犯上，都要求惩办他。晋平公说："放了他吧，我要把他说的话当作一个警告。"

师旷有着博爱的胸襟、睿智的思想，他帮助晋悼公成就霸业，又尽自己所能，努力向晋平公谏言。晋平公十五年（前543），鲁国大夫季武子曾对晋国形势做过评论。他说晋国有赵孟、伯瑕这样的大夫，有史赵、师旷这样的谋士，这样的国家不容轻视。可见师旷不仅是一位出色的琴师和音乐家，也是一位对政治颇具影响的思想家。

师旷之后,隋唐期间出现过 3 位杰出的职业琴师,对此宋朱长文《琴史》中有专门介绍,他们分别是赵耶利、董庭兰和薛易简。

据《琴史》,赵耶利慕道自隐,能琴无双,当世贤达,莫不高之,谓之"赵师"。赵师琴艺高超,琴学著作颇丰,有《琴叙谱》等。

赵耶利在琴艺美学上也卓有成就,他首次提出了隋唐时期琴乐吴声和蜀声的地域风格特点:吴声清婉,蜀声躁急。他还指出了肉甲的效用,认为肉甲相互和谐,所弹琴声温润。赵师以其卓越的琴艺和理论思想成为承前启后的大琴家。

董庭兰,盛唐开元、天宝时期的著名琴师,曾做过宰相房琯的门客。董庭兰英姿天纵,不事功名,狂放不羁,携琴游荡于山水之间,寻师访友。在武则天时期,他从陈怀古学琴,善沈家声、祝家声,琴艺高妙,时人称其抚弦韵声,可以感鬼神。今存的《大胡笳》《小胡笳》,相传是他的作品。另他创作的《颐真》,曲调明快流畅,是很有特点的小调。他的演奏艺术被诗人记录在唐诗中。董庭兰善弹胡笳,唐代诗人李颀《听董大弹胡笳声兼寄语弄房给事》中的"董夫子,通神明,深山窃听来妖精"一句,概括了他出神入化的演奏技艺。另据诗人高适写的《别董大》一诗,可知董庭兰在当时的知名度。

董庭兰一生清贫。高适在诗中说:"丈夫贫贱应未足,今日相逢无酒钱。"薛易简也说:"庭兰不事王侯,散发林壑者六十载。"董师弟子郑宥等也以善琴闻名。

薛易简,9 岁开始学琴,到 12 岁就能弹黄钟杂调 30 曲,其中以《三峡流泉》《南风歌》《游弦》三弄最为擅长。17 岁能弹《大胡笳》《小胡笳》《凤游云》《乌夜啼》《怀陵》《别鹤操》《仙鹤舞》《凤归林》《沉湘怨》《楚客吟》《秋风》《嵇康怨》《湘妃叹》《间弦》《白雪》《秋思》《坐愁》《游春》《渌水》。之后为了吸众家之所长,他周游四方,闻有解者,必往求之,先后弹过杂调三百,大弄四十。薛易简的艺术天分之高由此可见一斑,并且他非常用功好学，天赋加勤奋，最终以琴待诏翰林。

薛易简在艺术上的成就体现在他的琴学思想上。他著有《琴诀》，阐述了学琴要义。比如：（1）弹琴的态度：弹琴的时候，虽然无人，但也要如同面前坐着长辈一样恭敬，这样弹出的声音才会典雅方正。（2）身心准备：身体需要端正而坐，注意力集中，断绝思虑，指不虚发，弦不误鸣。（3）用指：兼用指甲与指肉，指甲多用则声干，指肉多用则声浊，甲肉相半，则琴声清晰爽利，美妙畅达。（4）手形：左右手抚弦不可太高，也不可过低，须不快不慢，手臂协调和畅。（5）发力：须暗用己力，戒忌显露于外。（6）美学要求：声韵皆有所主。

在琴曲学习上，薛易简认为多则不精，精则不多。他要求琴人精研好的琴曲以寄托志向，即便只有两三首弹得精妙无比，也足以成就不朽的名声。在琴艺美学上，薛易简指出，不能只看到用指轻捷利落，取声温和滋润，音韵不绝，乐句流畅优美，琴者又不能只追求音声之美，因此他提出了更高的美学要求——声韵皆有所主，即音乐要能表达曲意、反映琴者心声，暗含了对琴者立志高远的人格要求。薛易简认为弹琴有八点功用：可察风俗教化，可以摄人心魂，可以辨识喜怒，可以悦人情思，可以静神宁虑，可以壮胆增勇，可以绝弃尘俗，可以感动鬼神。

薛易简认识到琴可正人心、添胆量、感神明。但是当时的人多以杂音喜乐为贵，体会不到雅正琴乐的大功用，于是他感叹道："夫琴士不易得，而知音亦难也。"

宋元时期的职业琴师以朱文济、郭楚望、毛敏仲、汪元量和苗秀实为代表。

朱文济，北宋宫廷琴待诏，著有《琴杂调谱》12卷，今不存。沈括《补笔谈》记载，太宗太平兴国年间（976—983），琴待诏朱文济鼓琴为天下第一。朱文济不仅琴艺高超，人格亦高洁。宋太宗好琴，效仿文王、武王，把七弦古琴加二弦而变为九弦琴，一时逢迎之人如过江之鲫，但是朱文济坚决反对。

　　郭楚望，名沔，以善琴闻名。有关他的生卒，杨荫浏先生推断为1190年前—1260年后。郭楚望一生以琴为友，终身未仕，嘉泰、开禧年间（1201—1207），其以精湛的琴艺入张岩府为清客。张岩，乾道五年（1169）进士，官至光禄大夫，曾任宰相韩侂胄的参政。张岩也爱好琴学，曾向郭楚望习得《乌夜啼》，人称"张乌夜"。张岩和郭楚望一起将韩侂胄家传的古谱和民间琴谱合编为《琴操谱》15卷、《调谱》4卷。后来主战派失势，韩侂胄被杀，张岩也因此被牵连，准备出版的琴谱就都交给了郭楚望。郭楚望离开张府后，隐居于湖南潇湘两水交汇处的衡山脚下。每当远望九嶷山，云水奔腾的景象和错综复杂的时局便交织于心头，他感叹虽有大好河山，朝廷却不能抵御异族侵略，于是把内心的强烈情感倾注于《潇湘水云》的创作。此外，他还创作了《泛沧浪》《秋鸿》《飞鸣吟》《春雨》《步月》等琴曲。郭楚望身处南宋政局动荡时期，朝廷腐败，报国无门，琴成为他抒发家国情怀的精神寄托。张岩去世后的30多年间，郭楚望一直致力于创作整理琴曲并传授学生，弟子有刘志方等。史称杨司农、毛敏仲、徐天民皆祖之，郭楚望为后世浙操的形成奠定了基础，因此他也被称为南宋浙操的创始人。

　　毛敏仲，生卒年不详，淳祐至宝祐年间（1241—1258），与徐天民同为司农卿杨缵门客，原习"江西谱"，后从刘志方学郭楚望的浙谱传谱。毛敏仲与杨缵、徐天民等人编成《紫霞洞琴谱》（今佚）。毛敏仲一生创作琴曲甚多，有《樵歌》《渔歌》《山居吟》《列子御风》《禹会涂山》《庄周梦蝶》《幽人折桂》《佩兰》等，是一位优秀的琴家。南宋末年，朝廷腐败，导致国破，山河易主，毛敏仲不耻于为元朝做事，于是隐居村野，并创作了《樵歌》一曲，欲以此曲寻找志同道合之人。

　　汪元量（1241—约1317），字大有，号水云，以善琴名。度宗时，入宫为琴待诏，颇得谢太后和王昭仪喜欢。德祐二年（1276），临安沦陷，汪元量随从谢太后等皇室宗亲离开临安北去燕都。在元都期间，他经常去看望被关押在狱中的文天祥，两人通过诗歌和音乐唱和，互相勉励。文天祥牺牲后，汪元量作挽诗《浮丘道人招魂歌》祭奠他。

至元年间，汪元量侍奉的谢太后和王昭仪去世，于是他上书元世祖请求南归。至元二十五年（1288），汪元量得以回到钱塘，自号水云子，后往来于江西、湖北、四川等地，终老湖山。汪元量不仅是位优秀的琴师，也是位爱国诗人，他的诗有"诗史"之称。汪元量著有《水云集》《湖山类稿》以及词集《水云词》。

苗秀实，字彦实，号栖岩，金代琴师。他两次科举考试未中后就专门从事琴学。泰和年间（1201—1208）他被举荐为琴待诏。苗秀实琴艺高妙，经常有王公大臣邀请他弹琴或者向他请教琴艺。宣宗贞祐二年（1214），苗秀实随皇帝南渡，后经常和杨云翼、赵秉文等士大夫交流，琴道更加出神入化。

明清时期，琴派不断发展变化，在浙派的基础上又出现了虞山派、广陵派、金陵派、中州派、常熟派等古琴流派。相应地，职业琴人的队伍也在不断壮大，他们传授门徒，著书立说。这一时期无论是琴曲创作、琴谱编撰还是美学理论都有了显著发展。

南宋浙派发展到明代，形成了一枝独秀的徐门正传。徐门琴学经过徐天民、徐秋山、徐晓山到第四代徐和仲，都以得心应手、趣自天成的演奏技艺享誉琴界。徐门琴学传承到嘉靖以后，以徐门正传为天下人所推崇。徐门学人黄献刊刻的《梧岗琴谱》是现存最早的徐门琴谱之一。

明末浙派衰落，绍兴地区琴人的发展却如日中天，张岱《陶庵梦忆》中描述了当时绍兴琴派的基本情况。当时很多人，包括张岱本人都向名师王侣鹅学琴，何紫翔和尹尔韬两人得了王师八九分琴艺。尹尔韬后来因既能弹奏古谱又能作曲，被推荐给崇祯皇帝，受命整理宫廷收藏的古谱。尹尔韬辑成《徽言秘旨》琴谱，该谱后由他的友人重订成《徽言秘旨订》。

明代常熟地区的琴人也有很多，以徽为代表的琴人组织了虞山派，风行一时。《松弦馆琴谱》是虞山派的代表性琴谱。徐上瀛是虞山派集大成者，他和严徵同学艺于陈爱桐的弟子，但是二人琴风大不相同。徐上瀛的琴风徐疾咸备，弥补了严徵的不足，其所著《溪山琴况》，对琴曲演奏的美学理论有系统而详尽的阐述，是重要的古琴美学理论专著。

清代扬州经济文化繁荣，琴家也荟萃于此，逐渐形成了广陵派。其首创者徐常遇所传琴谱于康熙四十一年（1702）刊为《澄鉴堂琴谱》，为广陵派最早的谱集。徐常遇的三子徐祎尤善琴，被推为扬州琴学之最。徐祎的儿子徐锦堂继承父亲的琴学，后传艺于吴灯。吴灯致力于学琴数十年，编琴曲82首，辑成的《自远堂琴谱》于嘉庆七年（1802）刊印，为广陵派集大成者。

此外，清代周鲁封将扬州著名琴师徐祺传谱辑为《五知斋琴谱》，所收琴曲以虞山派为多，并对各曲进行了加工发展，从中可以看出广陵派与虞山派的渊源。

清代闽派古琴的代表人物是祝凤喈，19岁时其向胞兄祝凤鸣学琴，后致力于琴学30年，宦游江浙，以琴自随，所至名噪一时。祝凤喈著有《与古斋琴谱》，对琴学理论进行了深入探讨。

清代川派琴师张孔山学琴于浙江人冯彤云。张孔山在咸丰年间（1851—1861）为四川青城山道士，于光绪元年（1875）协助唐彝铭编成《天闻阁琴谱》。其所传诸曲如《流水》《醉渔唱晚》《普庵咒》等都很有特点，经他发展加工的《流水》流传甚广。

近代九嶷派开创者杨宗稷向黄勉之学琴，撰《琴学丛书》43卷。现存最早的《碣石调·幽兰》的文字谱，首先由他翻译为减字谱。

现代最有代表性的职业琴家有管平湖、查阜西、张子谦、吴景略等。管平湖受教于杨宗稷、悟澄和尚及秦鹤鸣等琴家，他将所学融会贯通，自成一家，著有《古指法考》一书。其琴风节奏严谨而雄健潇洒，含蓄蕴藉而情深意远。著名的大曲《广陵散》《幽兰》《离骚》《大胡笳》《秋鸿》等都由他率先打谱，其所奏《流水》被美国录入太空探测器的唱片。查阜西幼年在家乡学奏琴歌，后在长沙、苏州、上海等地从事琴学活动。新中国成立后，查阜西任中国音乐家协会副主席、中央音乐学院民族器乐系主任、北京古琴研究会会长等职。

张子谦学琴于广陵派琴家孙绍陶，23 岁时结识琴家查阜西和彭祉卿，3 人交流琴艺，互为知音，有"浦东三杰"之称。1936 年，这 3 位琴家组织成立了今虞琴社，在琴界影响甚广。1956 年，张子谦调任为上海民乐团古琴独奏家。1961 年，张子谦与沈草农、查阜西所编的《古琴初阶》出版。

文人琴人

清末民初著名学者沈曾植曾手书对联"左琴右书相乐终日，芝草茂木有馥其馨"，描绘了君子的高雅生活。"左琴右书"，是说读书人要修炼成君子，读圣贤书与弹古琴一个都不能少。本章我们就选择部分杰出的文人士大夫，说说他们的琴生活。

一、孔子的琴生活

孔子是儒家学说的创始人。他推崇六艺之学，尤重乐教。孔子周游列国，结果失意而归，于是专事教学。《史记·孔子世家》记载了孔子学琴的经历。

孔子是善学的。每当老师认为孔子可以学习新曲的时候，孔子就分析自己的学习现状，以未得其数、未得其志、未得其为人为由拒绝老师的要求。孔子学琴的经历一方面告诉我们，善学者应该要主动把控自己的学业进展而不是被动接受老师的任务，当然这个过程也需要学生和老师做好沟通，另一方面提示我们要注重学习的循序渐进以及深度。习弹琴曲，首先要熟练掌握演奏技术，然后准确领会音乐的情感和意蕴，最后从琴曲中感悟到作曲者的精神意象。

《琴史》记载了孔子好琴之事，并把《龟山操》《将归操》《猗兰操》三曲都托为孔子所作：鲁国的权臣季桓子为了阻止国君重用孔子，就进献女乐，让君主三日不朝。孔子哀叹季氏蒙蔽国君如同龟山遮蔽鲁国，因此作《龟山操》。赵简子想聘用孔子，孔子前往见之。孔子还未到，就听说赵杀了其国贤大夫窦鸣犊和舜华，于是作《陬操》，即《将归操》折返而归。《猗兰操》则是孔子生不逢时之叹。孔子从卫国返回鲁国，经过幽谷，见幽兰与野草混杂在山野之中，于是叹息幽兰不得其所，故作《猗兰操》。

二、蔡邕的琴生活

蔡邕，字伯喈，东汉时期名臣、文学家、书法家和音乐家。他少博学，除通经史、善辞赋之外，还精于书法和音律。蔡邕作有《琴赋》，早于嵇康。赋文提到制作琴瑟的良材生长的环境中有鸾凤在树顶飞翔，玄鹤在枝间筑巢，然后描写了弹琴的指法——"左手抑扬，右手徘徊。指掌反覆，抑案藏摧"，最后列举了当时流行的名曲，有《将归操》《鹿鸣操》《梁甫吟》《越裳操》《离鸾操》《别鹤操》等。

现存介绍早期琴曲作品最为丰富而详尽的著作《琴操》据传也为蔡邕所作，原书已佚，经后人辑录成书，书中对每首作品的有关故事内容都做了介绍。《琴操》中提及曾子耕太山之下，天雨雪冻，旬月不得归，思其父母，作《梁山歌》（即《梁甫吟》）。另据《琴操》所述，周公辅佐成王，成就王道，天下太平，越裳远道来献白雉。周公归德于文王，于是援琴而歌，作《越裳操》，献白雉于文王之庙。

作为音乐家的蔡邕还创作了5首琴曲，即《琴史》中所提及的《游春》《渌水》《幽居》《坐愁》《秋思》，合称为"蔡氏五弄"。白居易的诗《琴茶》曾写道："琴里知闻唯渌水，茶中故旧是蒙山。"可知，《渌水》一曲在唐代已经非常流行了。

蔡邕才华横溢，其生平却非常悲惨。他不屈从于中常侍徐璜等五侯，为避祸流亡江湖，颠沛流离半生。但是他终究没躲过董卓，被迫出仕。后来，董卓被诛杀，蔡邕也被当作同党获罪死于狱中。《琴史》点评："将欲忠论正音、规讽暴戾而感发其善心，以救生民乎！何所遭之不幸也！"

三、嵇康的琴生活

嵇康，字叔夜，魏晋时期著名的音乐家、文学家和思想家。嵇康秉赋奇才，言谈高雅，气度不凡。当时以司马懿为首的司马氏集团掌握了曹魏的实权，将魏的戚室重臣和反对自己的名士都置于死地。景元二年（261），好友山涛举荐嵇康出任尚书吏部郎。嵇康本不满山涛对司马氏的屈服，而现在山涛还要自己变节出仕，于是愤然写下了《与山巨源绝交书》，矛头直指司马氏集团，这也成了他日后被诛杀的罪状。

嵇康酷爱音乐，精于笛，妙于琴，并通晓音律。嵇康有一床极其名贵的琴，是他变卖房产所得，价值可抵一库兵器，他视之若生命。有一次他携琴访山涛，山涛醉后欲要剖琴，嵇康大骇，说："你如果要剖琴，我就随琴而亡。"他终于以死护住了名琴。嵇康被害前，做的最后一件事便是向来诀别的兄长要来了琴，然后盘膝席地而坐，弹了一曲《广陵散》。曲终，嵇康仰天长叹，说："以前袁孝尼要向我学此曲，而我一直坚持不授，《广陵散》于今绝矣！"

《广陵散》最迟在东汉就已出现，到魏晋时期已经是一首比较流行的名曲，除见于琴的独奏以外，还使用琵琶、笙、筑等乐器演奏。《古今乐录》中提及了但曲七曲——《广陵散》《黄老弹飞引》《大胡笳鸣》《小胡笳鸣》《鹍鸡游弦》《流楚》《窈窕》，并琴、筝、笙、筑之曲。可见，在南北朝时期，《广陵散》是相和曲目之一。嵇康在《琴赋》中列举的琴曲，《广陵散》也名列其间。

《琴赋》被公认为音乐诸赋中的千秋绝调。序言中先肯定了琴的大功用，然后从琴材的生长地和所处的山川、水势的环境到制琴的复杂、精致的工艺，到弹琴的妙手、听琴的知音，到音乐的章法和感染力，再到弹琴的体态、指法到名曲的情质和艺术联想，由表及里、层层深入、淋漓尽致，充分体现了嵇康对琴乐的深刻理解。

嵇康认为众器之中，琴德最优，但是在《琴赋》的结尾他也叹道："愔愔琴德，不可测兮。体清心远，邈难极兮。良质美手，遇今世兮。纷纶翕响，冠众艺兮。识音者希，孰能珍兮？能尽雅琴，唯至人兮！"

嵇康另有一篇旷古奇文《声无哀乐论》，提出了音乐没有哀乐的命题。论文采用"秦客"和"东野主人"辩论的形式，互相诘难。嵇康举例说同一个人弹奏同一首琴曲，听者不同，反应也不同。有的人喜形于色，有的人却悲从中来。相同的音乐却同时产生出了欢乐和悲伤两种截然不同的情感，这显然不是音乐本身具有欢乐或者悲伤的属性。他指出"心之与声，明为二物"，即思想情感和音乐不存在因果关系。他认为音乐本体只是简单或者复杂、音高或者音低、好或者坏的区别。听者之所以有不同的情感反应，是因为音乐能将人潜意识中的不同情感激发并表现出来。如果听者只是一个心气平和的人，那么他对于音乐的反应也只是躁或者静、专注或散乱的感觉。

嵇康还创作了《长清》《短清》《长侧》《短侧》——合称为"嵇氏四弄"。

四、白居易的琴生活

白居易，字乐天，号香山居士，又号醉吟先生。白居易不仅是一位杰出的诗人，也是一位出类拔萃的茶人和琴人。他一生写了茶诗 63 首、琴诗 120 首。"共闲作伴无如鹤，与老相宜只有琴"，"琴书中有得，衣食外何求"，"共琴为老伴"，从这些诗句中可感知琴是他一生须臾不可离的良伴知己。但是在白居易生活的年代，古琴并不受世人欢迎。他曾有诗《废琴》描写了琴乐在当时的处境以及他自己的音乐观：

> 丝桐合为琴，中有太古声。
>
> 古声澹无味，不称今人情。
>
> 玉徽光彩灭，朱弦尘土生。
>
> 废弃来已久，遗音尚泠泠。
>
> 不辞为君弹，纵弹人不听。
>
> 何物使之然，羌笛与秦筝。

是什么让世人不爱琴乐？是当时流行的羌笛和秦筝。《唐语林》中记载玄宗性俊迈，不好琴，一次听琴时琴曲未完，玄宗就呵斥琴师出去，一边又急令侍从召花奴带羯鼓来帮他解秽。上行下效，琴乐自然不被待见，但是白居易坚守着对传统琴乐的热爱，对太古遗音情有独钟。

五、欧阳修的琴生活

欧阳修，字永叔，号醉翁、六一居士，北宋政治家、文学家。琴是欧阳修生活中必不可少的一部分。据欧阳修《三琴记》可知，他有三床名琴，分别为斫琴师张越、楼则和雷氏所做。其中张、雷两家是唐代最著名的斫琴家。张氏在江南，雷氏在四川。张琴声激越而清润，雷琴重实，声温而雅。欧阳修所藏之张琴以金为徽，雷琴以玉为徽，可见其名贵。然欧阳修于三琴中偏爱楼则的琴，因楼琴镶嵌的是石徽，适合视力衰弱的老年人。文中欧阳修自述从小爱琴，虽然宦海浮沉，南北奔驰，独《小流水曲》梦寝不忘。此外，欧阳修也表达了他的琴学思想——琴曲不在于多，以自娱自适为要。《三琴记》作于嘉祐七年（1062），欧阳修时处人生暮年，于世事人情都已淡然，对于琴道亦有了深刻的认知：藏琴不用多，学曲不必多，心爱之曲一二操，以养身调心，足矣。

欧阳修的琴学思想也表达在其《论琴帖》。在《论琴帖》中欧阳修说自己为官一生，从县令到舍人学士，官越大，拥有的琴越贵，但是琴心反而不如从前。做县令时，虽然弹的是一张普通琴，然心不为俗物所牵绊，颇能得琴中雅趣。后来虽然拥有了价值连城的名琴，却日日被名利俗物所扰，反而难得琴中雅趣。由此可知，琴之道在于人不在于琴，心到了，即便琴上无弦，也能得琴中真意。

欧阳修另有大量具有哲理意趣的琴诗，如《江上弹琴》《赠沈遵》《赠沈博士歌》《送琴僧知白》《弹琴效贾岛体》《听平戎操》《夜坐弹琴有感二首呈圣俞》《赠无为军李道士二首》等。这些诗也包含了欧阳修对琴学的理解。他认为琴能载道，在自然山水中弹琴，可以让人舒缓焦虑，暂时摆脱凡尘俗事，能平和弹琴人和听琴人的心情，能通过古乐和古圣贤进行精神上的交流，并因此升华人的心灵。

除了琴以载道的思想，欧阳修还深得琴的养生之效。欧阳修学琴于好友孙道滋，当时他官场失意，被贬为夷陵县令，心情郁闷，是琴给了他慰藉。后当好友杨寘被调任福建时，欧阳修写了一篇《送杨寘序》为他送行，以自身的经历来说明琴学的好处，并希望好友在心情低落的时候也同样能以琴来排遣忧思。

欧阳修认为弹琴的技术实在微不足道，琴学的真正妙处在于能抒发情感、发泄忧思、平衡身心而达到养生之功。欧阳修对琴的养生功效的叙述还见于《琴枕说》一文。文中欧阳修提到自己患了双手中指拘挛的毛病，医师建议琴疗法，即通过手指运动来疏通堵塞的经络，欧阳修于是整理出琴曲，反复弹奏，终于治好了拘挛之症。他的琴诗《赠无为军李道士二首（其二）》也体现了琴道养生思想。该诗中的李道士，虽然年已七十，却依然面目明秀。李道士认为养其根，自然烨其华，理身当如理琴。琴以中正为美，同理，身心中正，相由心生。

欧阳修一生挚爱琴学，他崇尚雅乐正心的儒家音乐思想，坚信琴能载道，终其一生，也是琴道养生的践行者。

六、周敦颐的琴生活

周敦颐，字茂叔，号濂溪，世称濂溪先生。周敦颐是北宋五子之一，宋朝理学思想的开山鼻祖、文学家、哲学家，著有《太极图说》《通书》等。

周敦颐雅好古琴，与当时的范仲淹、王安石、黄庭坚等琴家都有交流。他的音乐思想体现在《通书》第十三、第十七、第十八以及第十九条。

周敦颐的音乐观明显是儒家的礼乐教化思想，倡导音乐是用来正心平气的，故要淡而不伤、和而不淫。周敦颐晚年隐居庐山，将门前的小溪命名为濂溪，书堂也命名为濂溪书堂。在隐居的岁月里，读书、吟诗、冥默、喝酒、鸣琴是他日常的生活。周敦颐病故后，他的妻兄蒲宗孟为他做了墓志铭，其中论及了他的性格和琴人生活，如"生平襟怀飘洒，有高趣""尤乐佳山水""酷爱庐阜，买田其旁，筑室以居，号曰濂溪书堂""乘兴结客，与高僧道人跨松萝，蹑云岭，放肆于山巅水涯，弹琴吟诗，经月不返"。周敦颐爱琴，而且他的琴艺也相当不错。与周敦颐有交往的朋友们，在诗词唱和中都提到了琴。如赵抃，也是当时的著名琴人，"一琴一鹤"的典故就出自他的故事。赵抃的《同周敦颐国博游马祖山》中描述了他和周敦颐游马祖山弹琴的情景："下指正声调玉轸，放怀雄辩起云涛。联镳归去尤清乐，数里松风耸骨毫。"另有《次韵周敦颐国博见赠》中的"老桐音淡世难知"描写了周子琴音清正古淡，正符合周敦颐琴乐"淡和"的美学思想。又如潘兴嗣的《和茂叔忆濂溪》中"素琴携来谩横膝，无弦之乐音至微"点出了周子的琴道思想。周敦颐琴学思想中的

"淡、和"等琴学观念，对以后的琴家产生了深远影响。

宋代文人多爱琴乐，范仲淹、欧阳修、苏轼、王安石、黄庭坚、周敦颐等都是琴以载道的文人琴家。

七、黄庭坚的琴生活

黄庭坚，字鲁直，号山谷道人，晚号涪翁，北宋著名文学家、书法家，曾游学于苏轼门下。他生前与苏轼齐名，世称"苏黄"。黄庭坚与禅宗渊源深厚，他的禅宗思想也深刻影响了他的书法和琴学。黄庭坚写过不少琴诗，其中反映了他的琴禅思想的有《鄂州节推陈荣绪惠示沿檄崇阳道中六诗老懒不能追韵辄自取韵奉和·晚发咸宁行松径至芦子》《次韵元礼春怀十首（其一）》和《题伯时画松下渊明》：

鄂州节推陈荣绪惠示沿檄崇阳道中
六诗老懒不能追韵辄自取韵奉和·晚发咸宁行松径至芦子

咸宁走芦子，终日乔木阴。太丘心洒落，古松韵清深。

聊持不俗耳，静听无弦琴。非今胡部律，而独可人心。

次韵元礼春怀十首（其一）

渐老春心不可言，亦如琴意在无弦。

新花准拟千场醉，美酒经营一百船。

题伯时画松下渊明

南渡诚草草，长沙慰艰难。终风霾八表，半夜失前山。

远公香火社，遗民文字禅。虽非老翁事，幽尚亦可观。

松风自度曲，我琴不须弹。客来欲开说，觞至不得言。

黄庭坚诗中"静听无弦琴""亦如琴意在无弦"体现的是大音希声的古琴美学思想，与欧阳修的"琴声虽可状，琴意谁可听""弹虽在指声在意，听不以耳而以心"有着异曲同工之妙。无弦琴的美学思想隐含了禅宗"空无"的境界。

除了诗，黄庭坚也善作铭文，如《张益老十二琴铭》，该铭文生动形象，富有哲理，其中琴铭之二"香林八节"以河渭之水和江汉之水来比喻这床琴的琴声特点：

河渭之水多土，其声厚以沉。江汉之水多石，其声清而不深。"香林八节"，是谓天地之中，山水之音。

又如琴铭之八"舞胎仙"描写了琴道之大用：

琴心三叠舞胎仙，肉飞不到梦所传。白鹤归来见曾玄，《陇头》《松风》入朱弦。

留存于世、被故宫博物院收藏的唐"九霄环佩"琴的铭文"超迹苍霄，逍遥太极"也出自黄庭坚之手。超迹、逍遥、太极俱与琴道契合，反映了黄庭坚琴以载道的琴学思想。

八、朱熹的琴生活

朱熹，字元晦，又字仲晦，号晦庵，晚称晦翁。朱熹是南宋时期著名的理学家、思想家、哲学家、教育家和诗人，同时也是一位重要的文人琴家。他在《武夷精舍杂咏》中自述"琴书四十年，几作山中客"，琴在他人生中的重要性不言而喻。

在古琴美学思想上，朱熹继承了周敦颐的中和音乐观，倡导"哀而不伤、乐而不淫"的儒家音乐美学思想，认为中正的琴乐可使人的内心和乐，进而转向人的道德自觉。朱熹养性读书，弹琴鼓缶，以咏先王之风，这亦是他礼乐教化思想的体现。

在琴学上，朱熹著有《琴律说》，首次提出了"琴律"这个律学名词。这一专著不仅阐释了琴律的原理和运用，而且还借琴律诠释了他的乐教思想。朱熹认为中和的音乐多取七徽之左，很少用六徽之右的音。即便有些俗曲繁声用到四徽这样的高音，也非君子所能听的。朱熹区别了琴之阴阳：散音属阳，中徽即七徽为阴。故散音为尊。三宫之位左阳右阴。左君右臣。故一弦宫音有一阳二阴，类一君御二臣。二臣又有左右之分：左边的是忠臣，右边的是奸臣。最后指出要亲贤臣远奸臣，如此，国家才能兴隆。朱熹以散按来对应社会人事，反映了他"乐与政通"的乐教思想，是对古代《乐记》思想的传承和发展。在《琴律说》中，朱熹批判了取声之巧的琴乐，推崇"萧散闲远"的琴韵，这也反映了他的琴道美学思想。

据文献记载，朱熹曾创作了多首琴曲，如《月坡》《碧涧流泉》《水清吟》等。朱熹创作的《招隐操》琴歌内容如下：

招隐操·右招隐

南山之幽，桂树之稠。

枝相樛，高拂千崖素秋，下临深谷之寒流。

王孙何处，攀援久淹留。

闻说山中，虎豹昼嗥。

闻说山中，熊罴夜咆。

丛薄深林鹿呦呦。

狝猴与君居，山鬼伴君游。

君独胡为自聊，岁云暮矣将焉求。

思君不见，我心徒离忧。

招隐操·右反招隐

南山之中，桂树秋风，云冥濛。

下有寒栖老翁，木食涧饮迷春冬。

此间此乐，优游渺何穷。

我爱阳林，春葩昼红。

我爱阴崖，寒泉夜淙。

竹柏含烟悄青葱。

徐行发清商，安坐抚枯桐。

不问箪瓢屡空，但抱明月甘长终。

人间虽乐，此心与谁同。

　　除了琴歌，朱熹还创作了不少琴诗，如《秋夜听雨奉怀子厚》《崇寿客舍夜闻子规得三绝句写呈平父兄烦为转寄彦集兄及两县间诸亲友（其一）》和《鹤鸣峰》：

秋夜听雨奉怀子厚

悄悄窗户暗，青灯读残书。

忽听疏雨落，稍知凉气初。

披襟聊自适，掩卷方踟蹰。

亦念同怀人，怅望心烦纡。

鸣琴爱静夜，乐道今闲居。

岑岑空山中，此夕知焉如。

崇寿客舍夜闻子规得三绝句写呈平父兄烦为转寄彦集兄及两县间诸亲友

（其一）

空山初夜子规鸣，静对琴书百虑清。

唤得形神两超越，不知底是断肠声。

鹤鸣峰

不见山头夜鹤鸣，空遗山下瀑泉声。

野人惆怅空无寐，一曲瑶琴分外清。

上面三首诗中的"鸣琴爱静夜，乐道今闲居""静对琴书百虑清。唤得形神两超越"以及"一曲瑶琴分外清"等诗句，都非常契合朱子"清静淡和"的琴学思想。

九、耶律楚材的琴生活

耶律楚材，字晋卿，号玉泉老人、湛然居士。耶律楚材是金国尚书右丞耶律履之子，在金朝官拜左右司员外郎。蒙古军攻占金中都时，成吉思汗收耶律楚材为臣。耶律楚材先后辅弼成吉思汗父子30余年，担任中书令14年之久，是杰出的政治家，著有《西游录》《湛然居士文集》等。

耶律楚材也是位文人琴家。他的琴学，最早受他母亲的影响。耶律楚材的母亲善琴，他从小耳濡目染，也喜欢上了古琴，而且终其一生热爱琴乐。《又四绝》和《和景贤七绝（其六）》反映了耶律楚材对古琴的痴爱：

年来世事已参商，但有声尘尚未忘。若向琴中定优劣，龙冈错认老鬓郎。（《又四绝》）

年来衰老四旬余，愿与人间万事疏。惟有琴魔降不得，鸣球戛玉彻清虚。（《和景贤七绝（其六）》）

耶律楚材的母亲善琴，却没有教授他琴艺，而从小就天赋异禀的耶律楚材也认为琴艺不过是小技，不需要老师，于是自己对谱弹奏，自学了数十曲，且自我感觉甚好，但是"有客来劝予，因举庄生篇"。耶律楚材因此醒悟到"琴书纸上语，妙趣焉能传？不学妄穿凿，是为谁之愆"，于是他重新拜师学艺。他的第一位老师是金朝宫廷琴待招弭大用。耶律楚材欣赏他的琴艺，他描述弭大用的琴乐"闲雅平淡，已自成一家"。弭大用教授耶律楚材琴艺也用心严格。从指法到琴曲的学习，弭大用循序渐进地指导耶律楚材。指法端正、吟猱有度是艺的层面，节奏平平，起伏与神会是进入由艺及道的空间。经过严师指导，耶律楚材琴艺精进，且能得其三昧。

耶律楚材的第二位古琴老师是苗秀实。在《湛然居士文集》中耶律楚材高度评价了苗秀实的琴艺，并说当时京师中听过苗秀实弹琴的士大夫无不叹服于他高超的琴艺，因此朝廷诏琴师时，侍郎乔宸举荐了他，于是苗秀实待诏于翰林院秘书监。得遇名师，耶律楚材虚心请教。每次得到新谱，耶律楚材就会请教苗秀实，和他一起商榷曲谱的深意，理解之后，才开始按谱弹奏。但是苗秀实每天都忙于王公大臣的邀约，没有时间和他经常对弹，这成为耶律楚材心中的遗憾。幸运的是，苗秀实的儿子苗兰得其父亲真传，于是耶律楚材就跟着苗兰学习。

对于弭大用和苗秀实的琴艺，耶律楚材认为两位老师风格迥异，弭大用的琴风清微淡远，苗秀实的琴风跌宕起伏。耶律楚材形容两位老师的琴艺"彼此成一家，春兰与秋菊"。但是显然，耶律楚材认为苗秀实的琴艺更胜一筹："吟猱从简易，轻重分起伏。一闻栖岩声，不觉倾心服。"苗师的琴艺吟猱不多，指法简单，但是音调的沉实、峻急都被淋漓尽致地表现出来，令听者畅快淋漓。而耶律楚材也并没有取苗舍弬，而是"我今会为一，沧海涵百谷"。虽然集两家之长形成了自己的风格，但耶律楚材并没有自满于此，反而说："二子终身学，今日皆归仆。"可见他在琴道上的追求。

此外，万松禅师对耶律楚材的琴道之路也产生了深远的影响。25岁时，耶律楚材向万松禅师学习佛法，参悟琴道，3年间日夜参禅，终有所得。耶律楚材对万松禅师深怀感恩，有一次禅师索琴与谱，他毫不犹豫地把号称天下第一琴的"春雷"琴和当时弹琴第一高手种玉翁写的琴谱都送给了万松禅师，并作《赠万松老人琴谱诗一首》。从其中的诗句"声尘何碍污幽禅""不在弦边与指边"看，耶律楚材对于琴道的领悟已更进一层了，这应是得益于万松禅师在禅学上的指点，让他最终领悟到琴禅一味。

十、朱权的琴生活

朱权，明太祖朱元璋第十七子，封为宁王。建文元年（1399），朱权被朱棣挟持参与"靖难"，永乐元年（1403）改封南昌，别号臞仙、涵虚子、丹丘先生等。朱权平生撰述纂辑见于著录者70余种，存世约30种。

朱权在帮朱棣夺取天下后，并未得到朱棣许诺予他的大权，反而处处受制，心灰意冷之下，他放弃政治舞台，韬光养晦，弹琴读书以自保。青山白云间，他携琴书以自娱，从此人间少了一个政治家，多了一个文人琴家。朱权归隐南昌之后，常与文人墨客唱和交往，寄情于抚琴、读书、修道、著书。他建了一个琴室，命名为"中和琴室"。弹琴之余，他还亲自斫琴，这床琴名为中和琴，为飞瀑连珠式，流传至今，被称为明代第一琴。从中和琴室和中和琴的命名可知朱权对于中和思想的重视。中和思想是中国传统思想的重要组成部分，儒释道三家对它都有深刻的阐述。朱权认为中和思想是身心修养的根本原则，因此在艺术上他始终秉承中和的理念。

朱权一生撰写了《文谱》《诗谱》《史断》《通鉴博论》《汉唐秘史》《琴阮启蒙》《神奇秘谱》《茶谱》《琼林雅韵》《神隐》《太和正音谱》等著作，涉及诗词、史学、宗教、戏曲、音乐学、茶道等诸多领域。其中《神奇秘谱》是我国现存年代最早的琴曲谱集。琴谱包括朱权自己善弹的34首琴曲，他命琴生李吉之、蒋怡之、蒋康之、何勉之和徐穆之5人向名士学习的琴曲以及多方搜求而得的唐宋古谱。朱权痛惜琴道不古，遂拯颓风于既往，追太朴于将来，编撰《神奇秘谱》以回太古之风，再见羲皇之法。此外，朱权的学者态度也值得后人学习。他在编撰过程中对每一支曲子都推敲再三，以确保没有错误。他认为琴谱数家所载者千有余曲，而传于世者不过数十曲，不经指授者恐有讹谬，故不敢行于世以误后人。因此他对所有刊载的琴曲，一字一句，一点一画，无所隐讳，且屡加校正，用心十二年，方定是谱。尤其是他习弹过的34曲，是他弹琴的心声，俱有句点，其吟猱取声之法、徽轸之正，无有吝讳。

《神奇秘谱》所载之《秋鸿》是继《广陵散》后篇幅最长的琴曲之一，据传此曲是朱权所作。此外，据传流传最广的琴曲之一《平沙落雁》也是朱权所作。除了琴学，朱权在戏曲和茶道上也有很高的造诣。他撰写了中国戏曲史上重要的理论著作《太和正音谱》和奠定了明清文人茶风的茶学专著《茶谱》。朱权在文学艺术上取得了杰出的成就，他文人琴家的身份也为世人所尊重和认可。

热爱中国文化的西方琴人

本节介绍 3 位热爱中国文化的西方琴人，他们分别是荷兰琴人高罗佩（Robert van Gulik）、瑞典琴人林西莉（Cecilia Lindqvist）以及美国琴人唐世璋（John Thompson）。通过叙述他们迷上中国文化恋上古老琴乐的原因，我们可以从中获得思想的启迪，提升对琴乐人文性的认知。

一、高罗佩

高罗佩，荷兰人，汉学家、外交家，代表作品有《大唐狄公案》（*Celebrated Cases of Judge Dee*）、《琴道》等。

高罗佩幼时曾在雅加达上小学，当时华人社区的一些中文字体让他非常着迷，由此引发了他对中国文化的关注。对于古琴的兴趣则源自他大学时代读到的一首诗。尔后在 1933 年他写了一篇文章，名《五柳先生》，发表于《中国》杂志，文中描写陶渊明不愿意做官，而嗜爱菊花、酒和无弦琴。文末，他写道："古琴的音调有着奇特优美的旋律和如中国诗歌般的声音，令人闻之，宛如走入一座盛开着玫瑰花和菊花的花园，带着一些酒醺和忆旧的感觉，人生所能留下的美好回忆莫过于此。"1936 年的秋天,他第一次来到中国北京,买了一张琴,向著名的琴家叶诗梦先生学琴,从此琴不离身。叶诗梦,字鹤伏,号诗梦居士,自幼学琴,是清末民初的古琴大家,著有《诗梦斋琴谱》等。高罗佩当时在日本东京做外交官,因此他在北京只逗留了一个月,就返回了日本。但他对于古琴的兴趣有增无减,于是继续向东京的古琴老师学琴。高罗佩有一个人生志向,就是要当一个典型的中国士大夫(士君子),兼具文人和官吏的身份。因为中国古代有"士无故不撤琴瑟"之说,所以古琴也成了他重要的精神陪伴。他广泛阅读资料,研究古琴文化,游历寻访中国琴人。1940 年,他利用假期到北京向管平湖先生学了一些曲子,并在中国的大学介绍东皋禅师东渡日本的情况。1943—1946 年,他被派往中国重庆任职,期间与于右任、冯玉祥等社会名流组织"天风琴社",专门从事中国琴艺研究。著名琴家关仲航和关松房兄弟评价高罗佩"尤精古琴""极尽操缦之能事"。

1940 年,花费他大量心血完成的专著 The Lore of the Chinese Lute: An Essay in the Ideology of the Ch'in(《琴道》)出版,全书包括绪论、中国音乐的传统观念、琴学研究、琴曲的含义、象征、关联、结论,最后附西方琴学文献、中国琴学文献、古琴 – 古董、中国古琴在日本等内容。此书旁征博引,将古琴乐谱、各种琴学著述,以及文学美术中涉及古琴的资料精心译成英文,并加注释,被认为是古代琴学研究领域的权威之作。

在作者的自序里,开篇引用了欧阳修的《江上弹琴》诗句来表达他对古琴音乐超越声音艺术而趋于道的审美理解。他还描述了古琴音乐具有平和和高雅的特征,同时高度认同了古琴在中国文化中的重要性,他认为与其说是古琴悠久的历史和迷人的声音,还不如说是它在中国文化中所占据的独一无二的地位激励着他完成了《琴道》这本书。

高罗佩先生深刻理解了古琴的人文属性。古琴不仅仅是作为乐器的存在,在很早以前它就从乐器中分离出来,成为文人形影不离的伴侣。古琴的风雅和逸趣使它成为文人生活的象征,而它的音乐属性反而成为附属物,围绕着它的核心呈现出的是独特的人文思想体系。

高罗佩如是表达和总结古琴在中国文化中的高度："中国古代最优秀的文化精髓都在古琴音乐中表现出来了。"可以说，高罗佩是现代西方对传播中国古琴贡献最大的西方琴人之一。

二、林西莉

林西莉出生于瑞典隆德，作家、摄影家，代表作品有《汉字王国》《古琴》等。

林西莉女士于1961—1962年在北京大学学习汉语，同时在中央音乐学院古琴研究会学古琴。她曾数十次访问中国，潜心研究中国文化。林西莉女士的《汉字王国》和《古琴》，双双获得瑞典最高文学奖——奥古斯特文学奖。

《古琴》是林西莉女士结合自己学琴的经历和对中国文化的体悟而创作的作品。《古琴》不仅详尽地描述了古琴这件乐器本身，而且深入古琴与中国文人、与诗歌音乐乃至与人的生活方式及命运的关系，打开了通往中国传统文化和精神世界的一扇大门。该书出版后，在瑞典掀起了一股中国热、古琴热。2009年冬天，77岁的林西莉把她的《古琴》带回了中国。她对前来采访的记者说："我在中国学到很多，我很高兴能用这本书来回报中国。"

林西莉女士来到中国学习时，她希望能找到令人快乐又纯粹的音乐，然后她找到了古琴。说到古琴乐器的特色，林西莉认为其他乐器的音消失得很快，而古琴的音可以持续，当第二个音出来的时候，第一个音还在，于是相互产生了丰富饱满的音色，这是古琴特有的音韵。让她沉迷的不仅是古琴的美妙声韵，还有琴曲的意境与故事。林西莉认为古琴和她曾学习过的鲁特琴一样，是用来反思和感受心灵的乐器。

新中国成立后，政府成立了民族音乐研究所，对古琴研究会的作用、地位十分重视。1954年古琴研究会改名为"北京古琴研究会"，当时的成员只有10位，都是最有经验的古琴名家，如溥雪斋、管平湖、查阜西等。作为研究会唯一的外国琴人，林西莉受到了老师们的极度关照。每当她有疑惑，老师们都会尽力去帮助她理解中国文化。比如初学琴时，她像对待西方乐器一样对待古琴，打算通过音阶练习加快学习进度，这让她的老师王迪非常震惊，于是王老师就引导她理解古琴不单是一件乐器，完美地弹出一个音不是目的，还必须以一种感情和内涵为度量，唤起自己和听众内心的画面，最关键的是弹琴者通过音乐能达到天人合一的精神境界。每学一曲，王迪就会跟她讲一个长长的故事，把她带入另一个时空。最终她深刻领悟到了东西方音乐的不同。对此她认为，在她20年的钢琴生涯中，她的老师从未鼓励过她如此这般地酝酿音和乐句，包括后来她弹的中世纪的鲁特琴也不例外，但中国的音乐却几乎永远离不开叙事。

研究会的老先生们都会对她不吝赐教。在《古琴》一书中，林西莉女士有如下描述："紧挨着我们的那间屋子里坐的是温文儒雅的溥雪斋。他穿着那件带有丝绸里子的蓝布长衫，有时会轻手轻脚有点好奇地走过来，评点一下我（的）手的姿势。""管平湖自然也因此有理由关注我的进步，时不时地过来看看我的手指和弹法，并鼓励地点点头。"

老师们在教学中都特别强调了指法的规范性。这也是林西莉女士领悟到的和中世纪鲁特琴不同的地方。鲁特琴主张自由独立创意地弹奏，而古琴重视口传心授、规范性的学习，绝不可以我行我素，随意而弹，要求学生无数次地仿效老师，直到完全掌握，融会贯通，浑然一体，方可谈及自由发挥。

毕业时，北京古琴研究会还赠送给林西莉女士一张明代"鹤鸣秋月"古琴。老师们之所以这样用心，是因为他们在交流中理解了林西莉女士迫切想了解古琴和中国文化的心，他们就尽力去成全她。

对于琴乐的认知，林西莉女士在《古琴》中写道："这是一种再创的文化，追求强烈的投入感，轻松的和谐与祥和……从而达到得心应手、驾驭自如的境界。"林西莉女士认为每一个中国人都应该学古琴，因为琴乐承载着中国文明，中国人有必要去理解它。

作为热爱中国文化的外国琴人之一，林西莉女士对中国文化产生了深深的崇尚之情。她把古琴看作人生中的一部分，生活意义的一部分，并跟以前的古琴教授一同去挽救中国古琴艺术。

三、唐世璋

唐世璋，当代美国琴人，主修西方早期音乐学，研究方向是人类音乐学。

唐世璋先生自述在 1968 年旅行时，偶然读到了一本用英文写成的介绍中国古琴的书《琴道》，于是开始对这个有着悠久历史的中国传统乐器产生了浓厚的兴趣。1974 年他拜中国台北琴家孙毓芹先生学习古琴，3 年多的时间里学到了 15 首古琴曲。1976 年他迁居中国香港，向古琴家蔡德允女士学习过半年演奏。他将自己定位为音乐重建家、音乐理论学者和音乐历史学者，从琴谱、琴史、琴道来研究古琴，努力进行复古风格的古琴演奏。他根据《神奇秘谱》《浙音释字琴谱》等古谱，先后完成打谱作品百余首，并有古琴专辑《希声》流传于世。他精心建设了推广古琴文化的网站，网站中不仅有琴书、琴谱、琴曲的详细列目，还有由他特意挑选的 60 多首古琴曲 CD 音响。

他说："我对中国文化特别有兴趣，古琴是我的工作，是我生命中最重要的组成部分。""通过古琴，让学生们了解中国，了解中国的文化"是他的愿望，也是他的工作，更是他生命的一部分。

琴曲篇

第三章

《高山流水》

　　《高山流水》是中国十大古曲之一。"高山流水"的典故最早见于《列子·汤问》，来自伯牙与钟子期的故事。这个故事反映了友谊的最高境界。"高山流水"因此代指知己或知音，也可比喻乐曲高妙。《高山流水》原为一曲，自唐代以后，分为《高山》与《流水》两首独立的琴曲。随着明清以来琴的演奏艺术的发展，《高山》《流水》有了很大的变化。曲谱初见于明代《神奇秘谱》。此谱提出《高山》《流水》二曲，本只一曲，初志在乎高山，言仁者乐山之意，后志在乎流水，言智者乐水之意，至唐分为两曲，不分段数，至宋分《高山》为四段，《流水》为八段。

（一）《高山》

　　据《五知斋琴谱》，《高山》如入穷岩深谷，宛然千峰竞秀，万壑争流。巍巍洋洋，不可拟测，又恍若山阴道上，水流花放，百鸟和鸣，令人应接不暇。

> 欣赏版本推荐

1. 徐元白版《高山》［据《春草堂琴谱》打谱］

徐元白，浙江台州人，近现代新浙派琴家，善诗文、书、画，工山水及兰，尤精古琴。

2. 姚丙炎版《高山》

姚丙炎，浙江杭州人，师从徐元白先生，琴风稳健坚实，含蓄严谨，古朴自然，意味幽远，自成一家气象，世称"姚门"琴风。

3. 喻绍泽版《高山》［据《天闻阁琴谱》打谱］

喻绍泽，四川成都人，现代泛川派琴家。其琴风在传统川派豪放躁急的基础上，又有稳健古朴的特点。

（二）《流水》

《流水》的琴谱曾在《风宣玄品》《西麓堂琴统》《澄鉴堂琴谱》《自远堂琴谱》《天闻阁琴谱》等30余部琴谱中刊载。多数琴谱将之分为七段或八段。今人弹奏多以《天闻阁琴谱》中刊载的《流水》为据。《天闻阁琴谱集成》云："此操系灌口张道士半髯子幼学于冯彤云先生，手授口传，并无成谱。"张道士即蜀派琴家张孔山，他对琴曲进行了加工处理，增加了运用七十二滚拂等特有技巧的第六段，使乐曲呈现的音乐形象更加鲜明生动，全曲共九段，因此也称为《大流水》或《七十二滚拂流水》。杨宗稷先生在其《琴学丛书》中说："《天闻阁》七十二滚拂《流水》曲，操缦家无不艳称之，亦无不望洋而叹，以第六段指法太难也。"《流水》一操，媲美《高山》……盖右手滚拂略无停机，而左手实音动宕其中，或往或来，毫无窒碍。缓急轻重之间最难取音。予苦心研虑，习之万遍。起首二三两段叠弹，俨然潺湲滴沥，响澈空山；四五两段幽泉出山，风发水涌，时闻波涛，已有汪洋浩瀚不可测度之势。至滚拂起段，极腾沸澎湃之观，具蛟龙怒吼之象。息心静听，宛然坐危舟过巫峡，目眩神移，惊心动魄，几疑此身已在群山奔赴、万壑争流之际矣。七八两段，势就徜徉，时而余波激石，时而漩伏微沤，洋洋乎，诚古调之希声者乎！"

欣赏版本推荐

1. 管平湖版《流水》（版本出处：《天闻阁琴谱》）

管平湖，中国著名古琴演奏家、画家，祖籍江苏苏州，生于艺术世家，师从九嶷派杨宗稷。管版《流水》曾被录入美国太空探测器上的唱片中，并发射到太空，向茫茫宇宙寻找人类的"知音"。

2. 姚公白版《流水》［据《神奇秘谱》打谱］

姚公白，1948 年生于浙江杭州，姚丙炎先生之子。此版《流水》又被称为《小流水》，无七十二滚拂。

3. 卫仲乐版《流水》［版本出处：《琴砚斋琴谱》］

卫仲乐，上海人，杰出的民族乐器演奏家、教育家，素有"琵琶大王"之美誉，其古琴师从国乐大家郑觐文。此版《流水》后传于林友仁、龚一。

《阳春白雪》

　　《阳春白雪》是中国古典名曲之一。《神奇秘谱》曰："臞仙按：《琴史》曰：'刘涓子善鼓琴，于郢中奏《阳春》《白雪》之曲。'《琴集》曰：'《白雪》师旷所作，商调曲也。'宋玉对楚襄王曰：《阳春》《白雪》，曲弥高而和弥寡。'又张华《博物志》曰：'天帝使素女鼓五弦之琴，奏《阳春》《白雪》之曲。'至唐高宗时，其曲绝焉。显庆二年，命太常增修旧曲，吕才上言：'《阳春》《白雪》，调高寡和，宋玉以来，迄今千载，未有能者。今依琴中旧曲，定其宫商，而作是曲。'故有传焉。"

　　从《神奇秘谱》题解可知，《阳春白雪》古琴曲分为《阳春》和《白雪》两首琴曲，相传为春秋时期晋国的乐师师旷或齐国的刘涓子所作。《阳春》取万物知春、和风淡荡之意，《白雪》取凛然清洁、雪竹琳琅之音，表现的是冬去春来，大地复苏，万物欣欣向荣的初春美景。其旋律清新流畅，节奏轻松明快。

　　《阳春》《白雪》还和中国历史上著名的美男子宋玉有关，其典故来自《楚辞》中的《宋玉对楚王问》一文：

　　楚襄王问于宋玉曰："先生其有遗行与？何士民众庶不誉之甚也！"

宋玉对曰："唯，然，有之！愿大王宽其罪，使得毕其辞。客有歌于郢中者，其始曰《下里》《巴人》，国中属而和者数千人。其为《阳阿》《薤露》，国中属而和者数百人。其为《阳春》《白雪》，国中属而和者，不过数十人。引商刻羽，杂以流徵，国中属而和者，不过数人而已。是其曲弥高，其和弥寡。"

阳春白雪后来泛指高深不通俗的文学艺术，常跟"曲高和寡""下里巴人"搭配使用。《阳春白雪》也是一首广泛流传的优秀琵琶古曲，乐曲以富于层次变化的音乐，生动形象地描写了大地回春，万物生辉，一派生机勃勃、姹紫嫣红、春意盎然的景象。

（一）《阳春》

古琴曲《阳春》曲谱最早见于《神奇秘谱》，为八段，后有十五段、十段、十七段等不同传谱。

清程允基《诚一堂琴谱》（1705）中对《阳春》的描述如下：

云逸亭曰："中正和平，疏疏淡淡，此阳春为宫音之正调也。"严天池诗云："几回拈出阳春调，月满西楼下指迟。"予于迩年始得其意。

《西麓堂琴统》给《阳春》列了10个小标题，分别为《晴天锦绣》《紫陌芳菲》《鸣鸟穿林》《香尘拂袂》《羌管落梅》《金铃护月》《游人鼓吹》《鸥浴晴波》《燕语雕梁》《秋千院落》。

欣赏版本推荐

1. 吴景略版《阳春》［据《诚一堂琴谱》所奏］

吴景略，江苏常熟人，近现代著名古琴演奏家。其演奏特点是：清丽飘逸、灵巧多变，既有柔美如歌的抒情，又有跌宕奇妙的转折，格调新颖，令人神往。他的古琴艺术造诣深湛，在古琴领域里，他被称为"虞山吴派""琴坛一代宗师"。

2. 吴兆基版《阳春》［据《大还阁琴谱》（明末徐上瀛辑录）所奏］

吴兆基，江苏无锡人，古琴演奏家。其演奏特点是：运指幅度小，弹弦坚实，出音清静聚润，以静制胜，气韵生动流畅，善于调气，形成了独树一帜的吴门琴韵。

（二）《白雪》

古琴曲《白雪》收录在《自远堂琴谱》《西麓堂琴统》《神奇秘谱》《真传正宗琴谱》《风宣玄品》《重修真传琴谱》等20余部琴谱中。《淮南子·览冥训》曰："昔者师旷奏《白雪》之音，而神物为之下降。"三国魏嵇康《琴赋》曰："理正声，奏妙曲，扬《白雪》，发《清角》。"李白《月夜听卢子顺弹琴》诗曰："《白雪》乱纤手，《渌水》清虚心。"

《真传正宗琴谱》中曲意解题如下：

按斯曲与《阳春》并传，皆师旷所制。盖以商绩宫，取其清洁焉耳。想夫太素为质，莹然白璧无瑕矣，一气覃敷，万里银妆，廓然太公无私矣，而又不事剪裁，体态天然，兆丰年而瑞帝都，愈梅色而肩风月，浑然万善咸备矣。是以高世之士，或骑驴于灞桥，或诵读于窗下，或烹茶于幽室，而抚景推敲，最属意于冬雪者居多。意者古人奏之虞弦，果先得我心之同然乎。抑亦后之君子，闻风而兴起也。

《重修真传琴谱》传有九段歌词，小标题分别为《八荒无尘》《万籁寂然》《压梅留意》《虚斋尚白》《狂风碎玉》《皓月欺光》《弄声窗户》《积玉阶除》《曲高寡和》。

欣赏版本推荐

1. **管平湖版《白雪》**（据《神奇秘谱》打谱所奏）
2. **黄雪辉版《白雪》**（据《自远堂琴谱》所奏）

黄雪辉，字宝卿，浙江绍兴人，现代浙派琴家，是徐元白的夫人，其琴风文静朴实。

《归去来辞》

《归去来兮辞》是东晋文学家陶渊明创作的抒情小赋，也是一篇脱离仕途回归田园的宣言。这篇文章作于作者辞官之初，叙述了他辞官归隐后的生活情趣和内心感受，表现了他对官场的认识以及对人生的思索，表达了他洁身自好、不同流合污的精神情操。作品通过描写具体的景物和活动，创造出一种宁静恬适、乐天自然的意境，寄托了他的生活理想。该赋语言朴素，辞意畅达，匠心独运而又通脱自然，感情真挚，意境深远，有很强的感染力。原文包括"序"和"辞赋"两部分。

琴曲《归去来辞》为后人依《归去来兮辞》而作曲。此曲最早见于1511年的《谢琳太古遗音》。此曲流传广泛，《真传正宗琴谱》《杏庄太音补遗》《文会堂琴谱》《徽言秘旨订》《风宣玄品》《春草堂琴谱》《琴学入门》等30余部琴谱中都有刊载。《春草堂琴谱》《琴学入门》题解此曲：

此尹芝仙新谱也。向有《太古遗音》原谱，泛按失度，音字不谐，先生力为较正。指法精详，声韵和雅，集中有文之曲不多载，存此以为楷模。琴山。

尹芝仙，即尹尔韬，创作了新曲《归去来辞》并刊载于《徽言秘旨订》

中，和《谢琳太古遗音》的《归去来辞》有所不同。据成公亮先生考证，《归去来辞》有三个同名异曲的谱本，除了以上两个谱本，还有一个刊载在明代的浙派徐门正传《琴谱正传》和《杏庄太音补遗》这两部琴谱上。这三个谱本，据成公亮先生考证，以《谢琳太古遗音》谱本的传承影响最大。成公亮在《琴歌〈归去来辞〉考》一文中提到，在《谢琳太古遗音》之后，继而刊载的诸多《归去来辞》乐谱在指法音调上不断有些修订和变化，这种变化到第八本明万历十三年（1585）杨抡撰辑的《真传正宗琴谱》时基本上停了下来。杨抡在前人的基础上进一步完善了《归去来辞》的弹法，杨抡之后继续这一谱本弹法的十来部琴谱都以杨抡谱为据，成为后世流传最广的一种弹法，其中诸如影响大而又多次翻版再刻印的《东皋琴谱》《自远堂琴谱》，只是到晚近杨宗稷的《琴学丛书》中有稍多一点的改动。

欣赏版本推荐

1. 杨葆元版《归去来辞》（版本出处：《琴学丛书》）

杨葆元，师从其父杨宗稷。

2. 成公亮《归去来辞》（版本出处：《真传正宗琴谱》）

成公亮，江苏宜兴人，古琴演奏家。

第四节

《水仙操》

有别于同名异曲的《归去来辞》,《水仙操》《秋塞吟》和《搔首问天》则属于同曲异名。

(一)《水仙操》

《水仙操》的故事见于《琴史》:

伯牙,古之善琴者也。见称于春秋之后,杂见于诸家之书。尝学鼓琴于成连先生,三年而成。神妙寂寞之情,未能得也。成连曰:"我虽传曲,未能移人之情。我师方子春,在东海中,能移人情。与子共事之乎!"乃共至东海,上蓬莱山,留伯牙曰:"子居习之,我将迎师。"刺船而去,旬时不返。伯牙心悲,延颈四望,寂寞无人;徒闻海水汩涌,群鸟悲鸣。仰天叹曰:"先生亦以无师矣,盖将移我情乎!"乃援琴而作《水仙》之操云。

这是琴曲《水仙操》的来历,曲谱最早见于明代《五音琴谱》,名《水

仙》，七段。清《琴书千古》亦沿用同曲名，但有十段。到 1755 年李光塽编著
的《兰田馆琴谱》，其名为《水仙曲》（吴官心传），题解：

此操广陵汪次伦家藏，曰《搔首问天》。与此谱大同小异，然无此指法
之工也。

又有题解：

伯牙作。伯牙随成连先生入海，悟得琴理，及归，本潮音澎湃之声，谱得
此曲，如奏仙歌佛曲之韵，养心乐志之音，可发幽怀之想也。

1802 年吴灯编著的《自远堂琴谱》，有曲名为《水仙操》。
《二香琴谱》中《水仙操》题解如下：

伯牙学琴于成连先生，三年而不成。成连云："我师方子春在东海中，能
移人情。"乃与俱至海上，成连刺船而去，旬时不返。牙延望无人，但闻海水
洞涌，林岫杳冥，群鸟啁啾。悄然而悲曰："先生移我情哉！"援琴而作《水仙》
之曲，遂为天下妙。是曲，李玉峰先生得之广陵吴观星。逸韵泠然，摹神之
作也。

《枯木禅琴谱》中《水仙操》题解如下：

伯牙所作。因随成连先生入海，听澎湃之音，悟得琴理，所谓海上移情者
也。韵淡调舒，须轻弹低拂为妙。

> 欣赏版本推荐

1. 郑珉中版《水仙操》（《自远堂琴谱》定谱）

郑珉中，原籍福建闽侯，寄籍四川华阳，第一批国家级非物质文化遗产项目代表性传承人（古琴艺术类），曾任北京古琴研究会副会长，先后师从王杏东、李浴星、管平湖诸先生学琴。

2. 蔡德允版《水仙操》（《愔愔室琴谱》）

蔡德允，生于浙江吴兴，拜泛川派琴家沈草农学习古琴。其琴风儒雅清丽，婉约潇洒。此版《水仙操》为裴介卿传谱沈草农师授，蔡德允记录于著作《愔愔室琴谱》。

（二）《搔首问天》

《兰田馆琴谱》提到，《水仙曲》与《搔首问天》大同小异。《搔首问天》初见于《澄鉴堂琴谱》。《天闻阁琴谱》题解：

> 战国楚大夫屈原作《天问》，即此操也。其节奏抑扬顿挫，其神韵咨嗟浩叹，一片孤忠，见乎词矣。

《梅庵琴谱》（王燕卿传谱，徐卓编述）在其后记中说："本曲即《离骚·天问》篇之意，内容极尽忧抑悲愤之情。"今山东诸城派按《搔首问天》诠释音乐。

欣赏版本推荐

1. 徐立孙版《搔首问天》（《梅庵琴谱》）

徐立孙，江苏南通人，梅庵派古琴演奏家，曾师从王燕卿学古琴，从沈肇州学琵琶。

2. 刘赤城版《搔首问天》（《梅庵琴谱》）

刘赤城，江苏南通人，诸城派第三代传人，曾任梅庵琴社名誉社长，国家一级演奏员，第二批国家级非物质文化遗产项目代表性传承人（古琴艺术类）。刘赤城从其父著名国画家、古琴家刘嵩樵先生习画习琴，后受业于徐立孙门下，1958 年考入上海音乐学院民乐系古琴专业。

（三）《秋塞吟》

《秋塞吟》最早见于《杏庄太音补遗》，题解：

杏庄老人云：时莫悲于秋，地莫极于塞。高秋远塞，飞鸟不下，走兽忘群。伤心惨目，孰有过于此哉？此盖以伤昭君出塞之苦也。

《五知斋琴谱》题解：

《秋塞吟》，汉明妃作也。元帝后宫既多，使画工图其形，按图召幸。宫人多赂画工，妃自恃姿容，独不肯与，工人乃点破之，遂不得见。后匈奴求美人为阏氏，帝以昭君行。及召见，貌为后宫冠，帝悔之。而恐失信，遂行。妃恨不见遇，作怨思之歌，谓之《昭君怨》，一名《秋塞吟》。又按，汉嫁乌孙公主，令琵琶马上作乐，以慰其道路之思，其送明妃亦然。曲中忧愁悲怨，听之增人牢骚不平之气。嗟乎，士屈于不知己，岂独明妃也哉。

《五知斋琴谱》中后记：

塞外凉秋，最足动人悲思。况以明妃处此，愈增伤感之怀。调入丝桐，声声传出一种抑郁忧愁，去国离乡之苦。而柔媚幽婉，又确似艳质情肠。听奏此曲，较读《答苏武书》，更为入妙。

以上各自解读了 3 首琴曲的出处和题解。琴曲大同小异，然而题解却迥然不同。从历代琴谱刊载看，《水仙操》又名《水仙》《水仙曲》《搔首问天》，《秋塞吟》又名《搔首问天》，《搔首问天》又名《搔首问青天》《秋塞吟》《水仙曲》。《水仙操》写的是伯牙，《搔首问天》写的是屈原，《秋塞吟》写的则是王昭君。学者严晓星在《〈秋塞吟〉〈水仙操〉〈搔首问天〉曲名演变考》中认为清初《水仙操》与中古时代所谓伯牙海上移情的同名琴曲毫无关系，而寓意于屈原或昭君等溺水身亡的历史传说人物。在当时的戏曲创作里，以溺死者为"水仙"，元代马致远《汉宫秋》就描写了昭君在出塞途中投水而死的情节。从谱本出现的时间来看，《秋塞吟》似乎早于《搔首问天》。有研究认为首次出现在《澄鉴堂琴谱》里的《搔首问天》，从曲子的实质来看，是在《杏庄太音补遗》里三段的《秋塞吟》的基础上增加了许多内容发展而来的。故《五知斋琴谱》以《秋塞吟》为正名。

欣赏版本推荐

1. 吴景略版《秋塞吟》（据《五知斋琴谱》）

2. 龚一版《秋塞吟》（郭同甫传谱）

龚一，江苏启东人，第一批国家级非物质文化遗产项目代表性传承人（古琴艺术类），古琴演奏家，国家一级演奏员。先后就读于上海音乐学院附中、上海音乐学院，专修古琴，曾随张正吟、夏一峰、刘少椿、王生香、赵云青、张子谦、顾梅羹、沈草农、刘景韶等12位琴家学琴，广泛学习了广陵、金陵、泛川、诸城、梅庵等多个琴派的风格，熔各家于一炉，自成一家，形成了清和婉转、中正秀丽的琴风。其演奏潇洒超脱，卓然成派。

《广陵散》

　　《广陵散》琴曲可追溯到汉代的《聂政刺韩王曲》，其题材来自一个故事：聂政的父亲为韩王铸剑不成，被杀死，后聂政为父报仇，混入宫中刺杀韩王，失败后他逃入山中，遇到仙人，便向仙人学习弹琴。聂政苦练琴技，凭借高超的琴艺得到了进宫的机会，终刺死韩王，后他自毁容貌而死，其母不辱英名亦与子同归而去。

　　《聂政刺韩王曲》原为汉代相和歌。《晋书·乐志》曰："相和，汉旧歌也。丝竹更相和，执节者歌。"其特点是歌者自击节鼓与伴奏的管弦乐器相应和，并由此而得名。有一部分相和歌来自民间的"街陌谣讴"，反映了人民的痛苦和呼声。如《饮马长城窟行》，通过家人对远方亲人的思念，反映了人民被征在外或被迫离乡背井的痛苦。

　　关于《广陵散》一曲的记载在东汉末年就有了。"广陵"是扬州的古称，"散"是操、引、曲的意思，《广陵散》的名称说明这是一首流行于古代广陵地区的琴曲。据《晋书》，《广陵散》乃嵇康游玩洛西时，一古人所赠。而《太平广记》里更有一则神鬼传奇，说的是嵇康好琴。有一次，嵇康夜宿月华亭，夜不能寝，起坐抚琴，琴声优雅，打动一幽灵，那幽灵遂传《广陵散》于嵇康，更与嵇康约定：此曲不得教人。据传嵇康善弹此曲，秘不授人，后遭谗被害，临刑索琴弹之，曰："《广陵散》于今绝矣！"

《广陵散》曲谱在隋唐时代被不断加工丰富，从三十三拍、三十六拍，逐渐发展到四十五拍。今存《广陵散》曲谱，最早见于明代朱权编印的《神奇秘谱》，慢商调凡四十一拍，谱中有关于《取韩》《冲冠》《发怒》《投剑》等内容的分段小标题，所以琴家即把《广陵散》与《聂政刺韩王曲》看作是异名同曲。

据《琴学丛书》，《广陵散》有四十五段。新中国成立后，我国著名古琴家管平湖先生根据《神奇秘谱》对《广陵散》进行了整理、打谱，全曲共四十五段：开指一段、小序三段、大序五段、正声十八段、乱声十段、后序八段。每段皆冠以小标题：开指一段，小序三段，俱名《止息》；大序五段分别为《井里》《申诚》《顺物》《因时》《干时》；正声十八段分别为《取韩》《呼幽》《亡身》《作气》《含志》《沉思》《返魂》《徇物》《冲冠》《长虹》《寒风》《发怒》《烈妇》《收义》《扬名》《含光》《沉名》《投剑》；乱声十段分别为《峻迹》《守质》《归政》《誓毕》《终思》《同志》《用事》《辞乡》《气冲》《微行》；后序八段分别为《会止息意》《意绝》《悲志》《叹息》《长吁》《伤感》《恨愤》《亡计》。

该曲旋律优美且具有叙事性。通过降低第二弦商音，与第一弦宫音相同（慢商调），突出表现主音泼剌的效果，有助于表现激昂慷慨的情绪。

┌─────────────┐
│ 欣赏版本推荐 │
└─────────────┘

1. 管平湖先生打谱的《广陵散》，全曲约 22 分 30 秒。

2. 龚一先生演奏的《广陵散》（节本），全曲约 7 分钟。

《梅花三弄》

  《梅花三弄》为中国著名古曲之一。明浙派琴谱《杏庄太音补遗》记载："桓伊善吹笛，作《梅花三弄》。后人因其声，遂拟入琴。其曲一名《梅花引》，一名《玉妃引》。"

  曲谱最早见于明代《神奇秘谱》，题解为：

  是曲也，昔桓伊与王子猷闻其名而未识，一日遇诸途，倾盖下车共论。子猷曰："闻君善于笛？"桓伊出笛作《梅花三弄》之调，后人以琴为三弄焉。

  由以上文献可知此曲原为笛曲，后移植为琴曲。历史上有一首相关的笛曲《梅花落》。《梅花落》原为汉乐府二十八横吹曲之一，传为西汉李延年所作，风行于魏晋，别名《落梅》《落梅花》《大梅花》《小梅花》等。乐曲和诗词均以傲雪凌霜的梅花为主题。南朝宋诗人鲍照有乐府诗《梅花落》赞誉梅的品质：

梅花落

中庭多杂树，偏为梅咨嗟。问君何独然？念其霜中能作花，露中能作实。

摇荡春风媚春日，念尔零落逐风飚，徒有霜华无霜质。

　　至唐代，笛曲《梅花落》在市井流传更广，梅花成为诗人墨客经常歌咏的对象，如李白《黄鹤楼闻笛》一诗中"黄鹤楼中吹玉笛，江城五月落梅花"，高适《塞上听吹笛》一诗中"借问梅花何处落？风吹一夜满关山"。

　　那么，笛曲是在什么时候被改编为琴曲的呢？明代杨抡《伯牙心法》琴谱题解《梅花三弄》：

　　按是曲乃颜师古所作也。古惟笛有《落梅曲》，而三弄之调起自桓伊，今不可考矣。后人缘取叫《云横玉》，用寄《流水》《高山》，亦以梅为花之最清，琴为声之最清，以最清之声写最清之物，宜其有凌霜音韵也。若夫三弄之义，则取泛音三段，同弦异徽云尔。审音者听之，其恍然身游水部之东阁，处士之孤山也哉。

　　在明代人们认为是唐代的颜师古把笛曲移植成琴曲的，但是"三弄"的出处，见于宋代词人洪皓的《江梅引·忆江梅》：

　　天涯除馆忆江梅。几枝开？使南来，还带余杭、春信到燕台。准拟寒英聊慰远，隔山水，应销落，赴诉谁？空凭遐想笑摘蕊。断回肠，思故里。漫弹绿绮，引三弄，不觉魂飞。更听胡笳，哀怨泪沾衣。乱插繁花须异日，待孤讽，怕东风，一夜吹。

　　洪皓于宋高宗时期出使金国，结果被扣留了15年。词曲表达了作者热切期盼南归的心情，思念故乡而不得归去，肝肠寸断，聊且抚琴弹一曲《梅花三弄》。从这首词作中，我们可以知道在宋代已有《梅花三弄》的琴曲了。后明清琴曲《梅花三弄》多以梅花凌霜傲寒、高洁不屈的节操与气质为表现内容。

三弄是指同一段曲调反复演奏三次。整首乐曲由两部分构成,包括十个段落及尾声。前六段为第一部分,采用循环体形式,旋律流畅、优美,其中泛音主题反复三次,突显梅花傲人的气质与节节向上的高尚品质。第二部分(七至十段),与前一部分形成了鲜明的对比,旋律跌宕起伏、急促的节奏以及音调和节拍上的不稳定都为我们展现了梅花傲然挺立在寒风中的坚毅画面。第二部分一静一动、一柔一刚,动静结合,刚柔并济,形成了鲜明的对比,仿佛为我们展现了梅花千姿百态的优美形象。

欣赏版本推荐

1. 吴景略版《梅花三弄》(琴箫演奏,孙裕德箫,版本出处:《琴谱谐声》)

虞山派《琴谱谐声》(清周显祖编,1820年刻本)的琴箫合谱,其节奏较为规整,宜于合奏。

2. 张子谦版《梅花三弄》(版本出处:《蕉庵琴谱》)

广陵派晚期的《蕉庵琴谱》(清秦维瀚辑,1868年刊本)版本节奏较自由,曲终前的转调令人耳目一新。琴谱出处晚于琴箫合谱,琴界俗称"老梅花"。

张子谦,江苏仪征人,幼时师从广陵派琴家孙绍陶,10余岁已能演奏名曲多首。1936年,和著名琴家查阜西及彭祉卿一起在苏州成立今虞琴社,后迁至上海。1956年张子谦调任上海民族乐团,经常参加演出及录音;1988年他被天津音乐学院聘为名誉教授,为古琴音乐的理论研究、打谱和教学做出了贡献。

《平沙落雁》

《平沙落雁》是中国古琴名曲之一。《二香琴谱》描述此曲"无人不弹，无谱不收"。《平沙落雁》最早刊于明代《古音正宗》〔崇祯七年（1634）刊印，藩王朱常淓纂集〕。自其问世以来，刊载的谱集达50多种，如《琴苑心传全编》《春草堂琴谱》《二香琴谱》《琴学入门》《蕉庵琴谱》《天闻阁琴谱》等，且有多种流派传谱，代表性的有梅庵派、九嶷派、广陵派等，是近400年来传谱最多、流行最广的琴曲之一。

该曲意在借大雁之远志，写逸士之心胸。它之所以流传甚广，除了曲调流畅、动听外，还因为它的表现手法新颖、别致，容易为听众理解。

（一）"平沙落雁"的典故

"平沙落雁"出自宋代沈括所作《梦溪笔谈》中描述的"潇湘八景"之一。"潇湘八景"相传为潇湘一带的湖南八处佳胜。《梦溪笔谈》云："度支员外郎宋迪工画，尤善为平远山水。其得意者，有《平沙雁落》《远浦帆归》《山市晴岚》《江天暮雪》《洞庭秋月》《潇湘夜雨》《烟寺晚钟》《渔村落照》，谓之'八景'，好事者多传之。"平沙落雁对应的景点是湖南衡阳市回雁峰。潇湘自永州下泻数百千米，到达南岳七十二峰之首的回雁峰。有诗云："山到衡阳尽，峰回雁影稀。应怜归路远，不忍更南飞。"古人认为雁到衡阳不再南飞，此地温暖的气候，丛丛芦苇，渺渺平沙，吸引着雁群下落栖息。

《杏庄太音补遗》有《雁过衡阳》一曲，题解：

　　杏庄老人曰：过，至也。如相过，过我之过。衡阳有回雁峰，雁至衡阳而止。此言雁自绝漠，以至衡阳，去寒就暖，以喻知机。君子去乱国，适治邦。如伯夷、太公去纣，以归文王也。

《雁过衡阳》与《平沙落雁》非同一曲，《五知斋琴谱》同时收录这两曲，并题解《雁过衡阳》"乃苏武所作"。

最早记载《平沙落雁》的《古音正宗》题解：

　　盖取其秋高气爽，风静沙平，云程万里，天际飞鸣。借鸿鹄之远志，写逸士之心胸也。……通体节奏凡三起三落。初弹似鸿雁来宾，极云霄之缥缈，序雁行以和鸣，倏隐倏显，若往若来。其欲落也，回环顾盼，空际盘旋；其将落也，息声斜掠，绕洲三匝；其既落也，此呼彼应，三五成群，飞鸣宿食，得所适情：子母随而雌雄让，亦能品焉。

（二）琴曲《平沙落雁》的作者和版本特点

关于《平沙落雁》的作者，有唐代陈子昂，宋代毛敏仲、田芝翁之说，又有说为明代朱权。

《琴苑心传全编》曰：按是曲，陈子昂作。盖取清秋寥落之意，鸿雁飞鸣，秋中之景物也，故于此以写之。

《五知斋琴谱》曰：乃臞仙所作也。虽小曲而意味深幽，乃入门之正路。但琴中平沙有各家弹法，种种不一。此特择其音之纯正恬雅者入之。

《治心斋琴学练要》曰：宋毛敏仲所作。仓皇南渡，曾飞鸟之不如，视彼飞鸣食宿，不诚洋洋自得乎。

《双琴书屋琴谱集成》曰：《太古遗音》中田芝翁纂谱，陈小屏谱，仲屏之兄存者。又谱：鹤山李息斋（印梦庚，号觉生）先生传谱，由陈仲屏先生处抄来，却与悟雪山房中定谱同。此谱和蔼。

《平沙落雁》版本众多，最少四段，另有五、六、七、八段等之分，有黄钟、夹钟、无射、夷则、中吕等均，有宫音、角音、徵音、羽音之别。

《春草堂琴谱》刊载的《平沙落雁》题解：“《平沙》谱各不同，惟此简净醇雅……此中吕均之宫音曲也，世俗不明本调，误以为角音，又以为徵羽。余故补填四曲，附于卷末，并著小序以发明之。学者先熟此曲，乃取后四谱次第鼓之，调虽不同，而音韵悉合。”

《张鞠田琴谱》则认为：“……各琴谱不同：有评以为之宫音者，谓角音者，谓羽音者，皆非。今自远堂考正为羽音无疑矣。又有五段者、七段者。”

（三）《平沙落雁》的音乐审美

《平沙落雁》取清秋寥落之意，鸿雁飞鸣，秋中之景物也。其逸气横秋，旷而弥真，中正和蔼，幽雅宜人，简静和雅，静境中之闹境，闹境中之静境，音纯正恬雅，两手圆润，自然恬澹清奇，舒徐幽畅。《双琴书屋琴谱集成》特别指出，金陵派的特点是清奇幽畅，圆润可爱。广陵派的特点，如《枯木禅琴谱》所载 “以五知斋略简指法，须含蓄舒畅方合曲意”。概言之，金陵派、广陵派的《平沙落雁》恬静优美，意境典雅。诸城派和九嶷派的《平沙落雁》，则增一段在固定音型陪衬下用模拟手法表现大雁飞鸣、此呼彼应的情景，形象鲜明生动，别具一格。

《萧立礼琴说》描述此曲抑扬起伏疾徐之声，摹物理多、寡、聚、散、起、落、飞、鸣之神，天机自然，曲传指下，深于音律者自可知之，并有分段解题：

其一 秋雁一群横江而来，孤雁在前者先落，中间一二雁以次而落，又三五雁一齐争落。

其二 或落而不鸣，而落，而又鸣。

其三 三段、四段若仰天而呼，招之速下，以为此间乐也。

其四 下半章上下齐鸣，空中数十雁，翻飞击翅。

其五 羽声扑拍丛杂，一齐竟落。

其六 既落之雁，托迹未稳，旋又参差飞鸣，或飞或落，或落或鸣，于是一齐飞落。羽声鸣声，哄然满耳，为静境中之闹境，闹境中之静境。

其七 已落之雁，声已寂然，尚有孤雁引吭哀鸣。

尾 次第落于群雁之侧。

┌─────────────┐
│ 欣赏版本推荐 │
└─────────────┘

1. 杨葆元版《平沙落雁》（九嶷派俗称"北平沙"）

2. 张子谦版《平沙落雁》（广陵派俗称"南平沙"）

3. 刘赤城版《平沙落雁》（诸城派、梅庵派）

《渔樵问答》

《渔樵问答》是中国十大古曲之一。现存谱初见于明代萧鸾编纂的《杏庄太音续谱》，有至少 35 种琴谱刊载了此曲，如《文会堂琴谱》《古音正宗》《琴书千古》《琴谱谐声》《天闻阁琴谱》《枯木禅琴谱》《琴学初津》《琴学丛书》等。其有多种谱本。

（一）琴曲作者

《枯木禅琴谱》记载此曲为明杨表正所作，然杨表正所编纂的《重修真传琴谱》则载：《渔樵问答》，古操也。《天闻阁琴谱》则托古为唐狄仁杰所作。查阜西《存见古琴曲谱辑览》一书把此曲的创作时间定为明代嘉靖以前。

（二）琴曲主题

《渔樵问答》以隐逸为主题，盖述隐者随遇自乐之意，得隐逸之风调。

《杏庄太音续谱》题解：

杏庄老人曰：唐人云：汉家事业空流水，魏国山河半夕阳。古今兴废有若反掌，青山绿水则固无恙，千载得失是非，尽付之渔樵一话而已。

《天闻阁琴谱》题解：

见樵子负薪而渡，招舟于渔，渔曰："客亦知夫水与月乎？"樵曰："余之志在山林也。"互相问答，契合道情，因而放乎中流，不知所止。东冈识为隐士，遂作是操，以志逸乐。

《琴学初津》题解：

是曲意味深长，神情洒脱，而山之巍巍，水之洋洋，斧伐之丁丁，橹声之欸乃，隐隐现于指下，迫至问答之段，令人有山林之想。……若志在渔樵者，以此消遣，移情非浅。

（三）音乐审美

其声优裕平顺，出落自然；其音雅趣，唱和自然。曲意雅淡，音韵豪宕清高，弹法各异，然须静简贯穿为妙。奏斯者，必修其指，而静其神，始得。

（四）不同版本的小标题

《重修真传琴谱》中《渔樵问答》的小标题分别为《一啸青峰》《培植春意》《上友古人》《自得江山》《体蓄鱼虾》《戒守仁心》《尚论公卿》《溪山一趣》《适意全生》。《太古正音琴谱》中《渔樵问答》的小标题分别为《清隐高谈》《垂纶秋渚》《山居避俗》《得鱼纵乐》《松枝煮茗》《遨游江湖》《啸傲山林》《渔樵真乐》。《杨抡太古遗音》中《渔樵问答》的小标题分别为《渔樵同叙》《渔》《樵》《渔》《樵》《渔》《樵》《渔樵并乐》。《立雪斋琴谱》中《渔樵问答》的小标题分别为《渔樵同叙》《垂纶秋渚》《山居雅趣》《获鱼纵乐》《危冈禁足》《惊涛罢钓》《浮云富贵》《鸣和弥清》。

（五）渔樵文化

渔樵耕读是中国农耕社会的基本生活方式，有着"有余""多薪""有粮""出仕"的吉祥寓意。由于文人士大夫对田园生活和淡泊人生境界的向往，渔樵耕读慢慢演绎出新的精神意象，成为官宦退隐之后生活的象征。如：南朝梁刘孝威《奉和六月壬午应令诗》"神心重丘壑，散步怀渔樵"；杜甫《村夜》"胡羯何多难，渔樵寄此生"；宋苏轼《前赤壁赋》"况吾与子渔樵于江渚之上，侣鱼虾而友麋鹿，驾一叶之扁舟，举匏樽以相属"。

渔夫的隐逸特点充分表现在《庄子·杂篇·渔父》和《楚辞·渔父》中。《楚辞·渔父》中的"渔父"为了点醒欲投江自尽的屈原，劝告道："圣人不凝滞于物，而能与世推移。世人皆浊，何不淈其泥而扬其波？众人皆醉，何不餔其糟而歠其醨？何故深思高举，自令放为？"见劝不醒梦中人，于是飘然而去，最后留下一曲《沧浪歌》："沧浪之水清兮，可以濯吾缨；沧浪之水浊兮，可以濯吾足。"

樵夫的隐逸特点大概始于南朝梁任昉《述异记》中的一则神话故事："信安郡石室山，晋时王质伐木至，见童子数人棋而歌，质因听之。童子以一物与质，如枣核，质含之而不觉饥。俄顷，童子谓曰：'何不去?'质起视，斧柯尽烂。既归，无复时人。"自宋代起，"渔樵"大规模地出现在作品之中，"渔樵问答"这一模式愈加常见。北宋哲学家邵雍的《渔樵问对》，更将渔父作为"道"的化身，诠释天地、万物、人事、社会的玄理。如：

渔者与樵者游于伊水之上。渔者叹曰："熙熙乎万物之多，而未始有杂。吾知游乎天地之间，万物皆可以无心而致之矣。非子则孰与归焉?"樵者曰："敢问无心致天地万物之方?"渔者曰："无心者，无意之谓也。无意之意，不我物也。不我物，然后定能物物。"

欣赏版本推荐

1. 吴景略版《渔樵问答》（1956 年录音）
2. 吴景略、陈重琴箫版《渔樵问答》（1980 年"上海之春"音乐会录像）

《梧叶舞秋风》

　　《梧叶舞秋风》是清代重要琴曲之一，曲作者庄臻凤，字蝶庵，清初著名琴家。因从小体弱多病，其学琴以养生，师虞山一派，兼采古浙、中州等各派之长，学琴30年，创作了14首琴曲，收录在著作《琴学心声》中。《梧叶舞秋风》是其中最有代表性的曲子。此曲后来亦收录于《澄鉴堂琴谱》《蓼怀堂琴谱》《琴谱千古》《春草堂琴谱》《兰田馆琴谱》《琴香堂琴谱》《自远堂琴谱》《裛露轩琴谱》《琴谱谐声》《二香琴谱》《行有恒堂录存琴谱》《张鞠田琴谱》《稚云琴谱》《琴学入门》《蕉庵琴谱》《琴瑟合谱》《天闻阁琴谱》《琴学初津》《鸣盛阁琴谱》《琴心直指》《醒心琴谱》等琴书谱集中。

　　《春草堂琴谱》点评：

　　庄蝶庵所制新曲十余操，惟此为最。音韵纯正，不杂繁声，初学按谱鼓音，易得其节，诚为入手之门径也。

　　《蕉庵琴谱》题解：

　　此曲之妙，凋桐生杜，为天地秋声。其气萧然，令人增慨。然其精意悼古淡朴，有清妙之理存焉。今故重加考订，庶不失前人命名之意。而凉飚指下爽肃，有静落阶前叶，清传月下砧之意。

关于此曲的音乐审美，《蕉庵琴谱》认为其冲和恬淡，与白雪相仿佛。《琴学初津》认为此曲平顺和缓简静。另有琴谱点出曲意萧瑟，取韵宜幽宜古淡。

吴景略先生就《琴学心声》打谱，旋律轻盈优美，富有动感，落叶仿佛随着秋风舞动，少了伤感萧瑟之气，多了乐观旷达的精神，也深为琴人所喜爱。

欣赏版本推荐

1. 刘少椿版《梧叶舞秋风》

刘少椿，名绍，字少椿，号德一，现代古琴家，广陵琴派第十代传人，1928 年从孙绍陶习琴，1958 年在南京艺术学院音乐系任教，因善奏《樵歌》，又被称为"刘樵歌"。

2. 陈熙珵版《梧叶舞秋风》

陈熙珵，当代女琴家，生于北京，1959 年考入北京古琴研究会，拜管平湖先生学琴。1968 年毕业于中国音乐学院古琴专业，师从古琴教授吴景略先生。1973—1992 年任浙江歌舞剧院民乐团演奏员及音乐理论课老师。

《潇湘水云》

《潇湘水云》是中国古琴名曲之一。曲作者为南宋琴家郭沔。郭沔，字楚望，南宋永嘉人（今温州平阳），以琴知名，终身未仕，曾在张岩门下做清客，整理韩侂胄祖传的古琴谱以及民间流传琴曲，合编为《琴操谱》15卷、《调谱》4卷。后韩侂胄被杀，张岩遭贬，元兵南侵，郭沔便移居南岳衡山。其创作琴曲有《潇湘水云》《飞鸣吟》《泛沧浪》《春雨》等，大多为即景抒情之作，其中尤以《潇湘水云》最为著名。

（一）《潇湘水云》的版本

此曲最早见于明朝朱权编写的《神奇秘谱》，其后至少有48种重要琴谱都有刊载，如《浙音释字琴谱》《风宣玄品》《西麓堂琴统》《杏庄太音补遗》《文会堂琴谱》《藏春坞琴谱》《古音正宗》《徽言秘旨》《大还阁琴谱》《澄鉴堂琴谱》《五知斋琴谱》《春草堂琴谱》《自远堂琴谱》《二香琴谱》《悟雪山房琴谱》《蕉庵琴谱》《天闻阁琴谱》《枯木禅琴谱》《琴学初津》《琴学丛书》《诗梦斋琴谱》《沙堰琴编》等。从琴谱和年代的传承来看，几乎所有代表性的琴谱都有收录《潇湘水云》，而且从 1425 年起至 1946 年一直未曾断了传承，可见此曲的重要性。

各种版本的《潇湘水云》调式比较统一，均为蕤宾调紧五弦，但有十到十八段之分，大概总结如下：

1. 分十段的谱本

《潇湘水云》分十段的谱本有《神奇秘谱》《风宣玄品》《杏庄太音补遗》《琴书大全》《文会堂琴谱》《藏春坞琴谱》《浙音释字琴谱》《古音正宗》《琴苑心传全编》《太音希声》《太音传习》等。

2. 分十一段的谱本

《潇湘水云》分十一段的谱本有《西麓堂琴统》。

3. 分十二段的谱本

《潇湘水云》分十二段的谱本有《大还阁琴谱》《诚一堂琴谱》《春草堂琴谱》《研露楼琴谱》《指法汇参确解》《峰抱楼琴谱》《二香琴谱》《雅斋琴谱丛集》《兰田馆琴谱》《虞山李氏琴谱》等。

4. 分十三段的谱本

《潇湘水云》分十三段的谱本有《澄鉴堂琴谱》《德音堂琴谱》《琴谱析微》《琴香堂琴谱》《自远堂琴谱》《稚云琴谱》《蕉庵琴谱》《天闻阁琴谱》《琴学丛书》《沙堰琴编》《琴学初津》《卧云楼琴谱》等。

5. 分十五段的谱本

《潇湘水云》分十五段的谱本有《悟雪山房琴谱》。

6. 分十八段的谱本

《潇湘水云》分十八段的谱本有《五知斋琴谱》《邻鹤斋琴谱》《行有恒堂录存琴谱》《希韶阁琴谱集成》《枯木禅琴谱》《诗梦斋琴谱》《琴学摘要》。

从以上 6 组的分类来看，早期十段和十一段本的谱本有 10 种之多，时间大概从 1425 年到 1670 年。

经过后代琴家的创作，其旋律慢慢发展变化，从十段扩大到十二、十三段，现在大多数琴人弹奏的版本为查阜西、吴景略的十八段《潇湘水云》，打谱自《五知斋琴谱》（1722）。《沙堰琴编》的作者裴铁侠认为潇湘并无二曲，十二、十三乃至十八段长短不同，分段各异，繁简因而稍殊，然其写江天景色、云水烟波，乃无二致。

（二）《潇湘水云》的主题

《神奇秘谱》解题中说，《潇湘水云》的作者"每欲望九嶷，为潇湘之云所蔽，以寓惓惓之意也。然水云之为曲，有悠扬自得之趣，水光云影之兴；更有满头风雨，一蓑江表，扁舟五湖之志"。

郭楚望所生活的朝代是南宋，金兵元军大举入侵南宋国土，而朝廷还偏安一隅，甚至把主战的宰相韩侂胄的人头送上表示议和的决心，韩侂胄的僚属张岩也因此被贬。当时身为张岩门客的郭楚望深感国事日非，恢复无望，遂移居湖南衡州，每泛舟潇、湘江上，远远眺望，见云水奔腾，但九嶷山则为云水所遮蔽，不见天日，一如当时的时势，他感慨山河残缺、时势飘零，于是创作了《潇湘水云》以寄忧思，其后郁郁以卒。此曲不仅寄托了作者对祖国山河的热爱之情，也反映了作者反对苟且偷安的态度，具有强烈的民族意识和爱国精神。

（三）《潇湘水云》的音乐审美

《神奇秘谱》（十段）：

然水云之为曲，有悠扬自得之趣，水光云影之兴；更有满头风雨，一蓑江表，扁舟五湖之志。

《大还阁琴谱》（十二段）：

今按其曲之妙古音委宛，宽宏澹宕，恍若烟波缥缈。其水云声二段，轻音缓度，天趣盎然，不啻云水容与。至疾音而下，指无沮滞，音无痕迹，忽作云驰水涌之势。泛音后，重重跌宕，幽深思远。非亲授指法，奚能得其旨趣。

《春草堂琴谱》（十二段）：

昔人云：鼓潇湘则天光云影，容与徘徊。个中情景，当作何如体会，鼓者听者两不知也。谱中此曲用指极难，学者弗徒以手快为胜。

《琴学初津》（十三段）：

是操音节，幽静淡洁，须熟习而求其化，取音于虚实无迹，方得云水之意。

《悟雪山房琴谱》（十五段）：

此曲指法空灵，勿徒以手快为工。

《五知斋琴谱》（十八段）：

音清和畅。自三段至尾，皆本曲趣味，抑扬恬逸。自四至八段，全在两手灵活，如云水之奔腾，连而圆洁，方得曲之旨也。

《枯木禅琴谱》（十八段）：

音韵和畅，曲意缠绵，有云山暧昧，香雾空朦之意。须两手灵活，低弹轻拂，方合其旨。

《诗梦斋琴谱》（十八段）：

此曲最难得其缠绵，余弹此近十五年，仍不能得其旨，盖手不灵活耳。

以上琴谱分段不同，但有一共性，都认为指法精妙空灵，并且用指极难，即此曲的演奏技术有一定的难度，但是演奏者也不能徒练指法技术，不能以手快为胜。演奏此曲不仅要两手灵活，还要弹出幽静淡洁、和畅又缠绵的意境。琴家叶诗梦说自己弹了15年之久，仍不得其旨。其艺术高度和难度都堪称古琴曲中的巅峰之作。

欣赏版本推荐

1. 查阜西、吴景略版《潇湘水云》（《五知斋琴谱》版本）

查阜西，江西修水人，古琴演奏家、音乐理论家和音乐教育家。13岁学弹古琴，20世纪30年代初在上海发起组建今虞琴社，1953年任中国音乐家协会常务理事、中央音乐学院民族音乐研究所通讯研究员，1959年任中央音乐学院民族音乐系主任。他演奏的琴曲深沉、细腻，演唱的琴歌古朴、典雅。曾编纂《存见古琴曲谱缉览》，并担任《琴曲集成》等巨著的主编。

2. 陈熙珵版《潇湘水云》（《神奇秘谱》版本）

第四章

琴艺美学篇

琴乐与礼乐文化

说到礼乐文化，大家可能会想到遥远的先秦时期。有文字可考的礼乐始自夏商，到周朝初期周公制礼作乐，形成了独有的礼乐制度，后经孔子和孟子的发展，创建了以礼乐仁义为核心的儒家文化，最终奠定了中华民族的礼乐文化体系，成为中国古代文明的重要组成部分。简言之，礼乐文化以礼乐教化道德伦理，移风易俗，使得社会秩序和谐稳定，引导中华民族欣欣向上。

《礼记·乐记》是我国最早的一部具有比较完整体系的音乐理论著作。礼是天地间最重要的秩序和仪则，可以预防行为出格；乐是天地间的美妙声音，是人内心德行的体现；德，得也。礼乐兼得谓之有德。

在《礼记·乐记》里，声、音、乐有严格的区分，如情动于中，故形于声，声成文，谓之音。所谓声音，即由情而发，生于人心。禽兽也有声，但不知音，百姓知音但不知乐。用现在的眼光来看，声音比较大众化，通俗易懂。那乐是什么？通伦理者也。也就是说，要懂乐必须兼学礼，从礼的视角来对应音，才是乐。因此，乐不同于音，音可以穷尽变化，乐需要以礼节制，相互依存，和谐自然才是大美，故礼乐不可分。音和乐在古人看来完全是两个境界。

琴的创制与礼乐文化密不可分。在远古时期，琴是人与神灵沟通的法器，寄托着神人以和的愿望。古人相信琴有感动天地鬼神、预知吉凶的功能。明代朱权《神奇秘谱》说，琴乐可以正心术，导政事，和六气，为中国圣人治世之音、君子修养之物。由此可见，在漫长的中国历史中，琴绝不仅仅是一种乐器。君子之近琴瑟，以仪节也，非以滔心也。琴乐是礼乐文化的重要组成部分。礼乐文化视角下的琴乐以中正平和为美，既要表达音乐的节奏与韵律之美，又要有所节制。乐而不淫，哀而不伤，成为中国传统音乐的审美准则。

由此也区分了琴的上下之学：通过专业技艺教学达到音乐的演奏水平，自娱娱人的，为琴的下学；把琴学作为建立崇高人格，建构和谐社会的教育手段的，为上学。上下之学没有优劣之分，个体不同，各取所需。因此学琴的第一课不是匆匆地进入技艺之学，而是要梳理琴学的功用。这个导学过程是很有必要的。它会在有灵性的学习者心中播下启蒙的种子，引领他们最终以琴为载体，完成自我实现。

文人琴

如果你在琴圈沉浸了些年头，你可能会听到类似这样的表达："他们这是学院派，我们弹的是文人琴。""弹琴是给自己听的，不是表演给人看的。"学院派，本义是指 17 世纪开始在欧洲各国官办美术学院中形成的艺术流派，在琴界被用来指接受过音乐学院古琴专业教育的人群。解放前，古琴艺术主要在民间琴人以及流派组织内传承。解放后，我国政府在音乐学院设置古琴专业，并聘请民间知名琴人担任专业教师、从事古琴教学演奏以及研究工作，如吴景略先生受聘于中央音乐学院，张子谦先生受聘于上海音乐学院，顾梅羹先生受聘于沈阳音乐学院等，并培养了一批专业琴家，著名者有王迪、李祥霆、龚一、成公亮、林友仁等。

所谓流派，是指学术、文艺方面的派别，指依照共同的义理或风格而探讨学习的不同人群。琴派是指具有共同艺术风格的琴人所形成的流派。不同的流派受当地民间音乐的影响，会带有特殊的地方色彩。

音乐学院在培养古琴人才的时候，会聘请不同流派的名家进行教学，因此学院派通常可能会习得不同流派风格的琴曲并博采众长，形成自己的演奏风格。最具代表性的是上海琴家龚一先生。龚先生从学 13 位老师，吸收了虞山、广陵、诸城、泛川、梅庵等诸家之长，融会贯通，古为今用，逐渐形成清和婉转、中正秀丽又潇洒超脱的音乐风格,独树一帜,自成一家。

此外,根据琴人的身份和琴的功用的不同,中国传统艺术界又有文人琴、艺人琴的概念。

古琴在周朝以礼器的身份而存在。琴乐脱离政治教化的功能后,开始强调其内在的修身养性的功能。琴乐成了人与自然交流对话、观照个人内心世界、认识自我的一种途径,由此以琴载道的功能也逐渐形成。随着儒道思想的确立,琴道一脉不断发展,并受到士大夫一族的青睐,出现了文人琴风,古琴也随之成为文人专用乐器,其中代表人物有孔子、左思、陶渊明、白居易、范仲淹、欧阳修等。

朱长文评范仲淹之琴艺时曾说,"公之好琴如此,盖君子之于琴也,发于中以形于声,听其声以复其性""非必如工人务多趣巧以悦他人也"。此处,谈及了文人琴与艺人琴的区别。工人,或称匠人;务多趣巧,是指演奏的曲目多,且注重高超的演奏技艺,以取悦于他人。而范公弹琴则是其内心世界的呈现,以音观心,实现其本性至善。曲不在于多,重在得琴中之趣,这就是文人琴风。

由此可知,文人琴的基本观念是:弹琴不以技巧为尚,不以悦人为务,也不以多少为要,而是注重修身理性,自得其趣。值得推敲的是,文人琴虽不求技巧,但并不一定就缺乏演奏的技巧,文人们往往既追求精湛的琴艺又不执着于技巧。纵观历史,不乏琴艺高超的文人琴者,如蔡邕、嵇康、耶律楚材等。当然,限于天赋等原因,很多文人弹琴重意聊以自娱,这也是普遍存在的现象。

作为儒家修身之器的文人琴,具有以下特征:

其一,修容。

弹琴之人首先要风韵标格清楚。抚琴前洗手、漱口、焚香,坐于琴前,犹如立于长者面前一样,态度要谦卑,动作要庄重,不可以有飞抚作势轻薄之态,要威仪可观。

其二，取音。

取音欲淡，又欲自然。琴资简静，无增容声。

淡，是中国美学的一种境界。田园诗人孟浩然《过故人庄》就用清淡自然的笔调，描写了他隐居鹿门山时的田园生活。据《唐诗摘抄》，清人黄生认为此诗全首俱以信口道出，笔尖几不着点墨。浅之至而深，淡之至而浓，老之至而媚。火候至此，并烹炼俱化矣。元四家之一倪云林所作之画平淡中显天真，疏林坡岸，幽秀旷逸，笔简意远。其作品《渔庄秋霁图》，一河两岸，近景除枯木、草丛、礁石外别无他物，中景是湖水，大片留白，不着一笔，远景为从左边向右边连绵的小山丘。画面中空无一人，呈现出疏朗开阔、淡然天真的气象。尤其其中景不着一色，淡到无，却让人意象到浩瀚湖水，笔墨简淡，格调高逸。

文人琴风，亦如文人诗画，指法自然简静，不刻意走秀，无多余的动作。2019年，浙江省博物馆邀请了当代享誉盛名的琴家们演奏馆藏唐琴，其中有中国香港琴人苏思棣，操缦《潇湘水云》，凝神静气，指法简静，音韵古淡，对琴如对友人，款款而谈。苏先生的演奏朴实淡然，丝毫没有表演的痕迹，其指下流露的情感却感动人心。诚如苏先生所言，希望借由琴声向听众传递内心的共鸣。古琴演奏若如流行音乐般处理，则听众内心难有真正共鸣。文人琴风，无关技术和声音，所好者，道也，是个人道德情操的显现，是顺物自然的表达。

其三，更有一般难说，其人需要读书。

古琴是人文性极强的一门艺术，流传下来的琴曲大多带有故事哲理性。文人琴风的最大特点是这个群体以士大夫为主，具有较高的人文素养，对琴曲的典故和曲意有深度理解，因此音韵生动，感人至深。若其人胸无点墨，技术再娴熟，音乐亦是苍白寡淡的。比如《渔樵问答》全曲上下鲜有高难度的指法，但是这支曲子却很难弹，因为它承载的哲理很深。此曲表象上是渔夫和樵夫的对答。实则，渔非渔，樵亦非樵。"渔"的代表是东汉的严子陵，他是汉光武帝刘秀的同窗，帮助刘秀登上帝位后退隐浙江桐庐，拒绝了刘秀的多次邀请，垂钓终老。"樵"的代表是汉武帝时期的大臣朱买臣。朱买臣家境贫寒，以卖柴为生，但酷爱读书，妻子不堪贫寒而改嫁他人，后来得同乡推荐，拜中大夫、文学侍臣。此二人代表的渔樵实则是士大夫的两种人生观。一般认为，渔是道家的化身，樵是儒家的代言。因此习弹此曲，有必要了解儒道思想。此外，还要去研读跟此曲有关的一个文献《渔樵问对》，作者是北宋著名的理学家、数学家邵雍。《渔樵问对》通过樵夫问、渔夫答的方式，将天地、万物、人事、社会归之于易理，论述了天地万物与阴阳化育的玄理。然后，还要去读《庄子》《楚辞》和《史记》等文献，其中有名的是《楚辞》中的《渔父》篇：屈原被放逐，行吟于汩罗江畔，形容枯槁，渔父问他为何沦落至此，屈原回答"众人皆醉我独醒"，表达了自己不向乱世妥协的精神。渔父于是劝告他当学圣人不凝滞于物，而能与世推移，然屈原听不进忠告，最后渔父唱着《沧浪歌》鼓枻而去。一曲《渔樵问答》，不仅需要掌握音乐演奏技艺，更要深耕儒道哲学思想及其经典文本。如此，指下才能表达"千载得失是非，尽付渔樵一话"的深意。所以不读书，如何弹得好琴？宋代方回《听孙炼师琴》给出了答案：其人要有优雅的姿容，又要指法好，取音好，胸次好，口上要有髯，肚里要有墨，六者俱备，方与添琴道。所以从这个层面看，文人琴实则对琴者提出了更高的人文要求，以琴养心修德，琴成了自省、认识自我的一种途径，以达到与天地精神相往来的本真境界。

与文人琴平行存在的是艺人琴。从春秋战国时期的宫廷乐师到后世的琴待诏，历代都有不少弹琴高手以技艺扬名谋生。春秋时期的师旷、唐代的薛易简、宋代的郭楚望、明代的尹尔韬等，都是名副其实的音乐家。有些文人也同时可能是音乐家，两者共存又交集。评价文人琴的高度也显然不是看其技艺难度，而是依据琴声里折射出的琴人哲学高度。这个和中国画有着异曲同工之妙。

中国画也有文人画和画匠之分。画匠以画为职业，他们通常具备高超的绘画技能，但是因为受雇于人，他们的绘画内容以及绘画方式就取决于他人，表现的自由度有所限制。相反，文人画家会把绘画看作是一种学术活动，是他们探索自然寻求真理的一种方式。画不是为了模仿自然，而是表达他们的哲学思想，是他们的心与自然的一次对话。所以评价一个伟大的画家，不仅要从技巧的高度，更要从他呈现哲学的高度。如元画家黄公望，主张儒释道三教合一。观其代表作《富春山居图》，人们很难从中匹配到富春江的真实景色，它其实是画家精神世界的流露，是一个生命态度的显现。又如八大山人，他的画明显有两大特点，其一简，其二怪诞。鸟在水里，鱼在天空，无比庞大的猫，翻着白眼的乌鸦……他的花鸟意不在花鸟，花非花，鸟非鸟。他通过夸张变形的手法打破人们的惯性思维，去理解眼中所见尽是幻象。八大山人的画是他的禅宗思想的体现，是他的生命感悟。

遗憾的是，音乐不能像画作一样可以留存于世。我们当下能找到的最好的早期琴乐，也已经是 20 世纪 50 年代的"老八张"了，所以我们无法真实感知历史上文人琴的特点和高度，只能从文字资料上来推测其艺术境界，但是触类旁通，琴画一也。

第三节

琴禅

　　禅，是梵语"禅那"的简称，其意译为"思维修"或"静虑"。古人认为禅不是一种理论，也不是一种观念，而是认知世界的方式，通往觉悟的方法。通过参禅达到明心见性的修行宗派被称为禅宗，是佛教在中国本土化而成的宗派，中晚唐后禅宗成为最具独特性的本土宗派。安史之乱后，禅宗分为南北二派。北派以神秀为领袖，提倡渐修说，实行循序渐进的坐禅方法，通过打坐息想，起坐拘束其心，达到清净自心的目的。南宗奉慧能为领袖，强调心性本来清净，不需要借助外物来约束改造自心，主张不拘起坐，不立文字，即心成佛，提倡顿悟说。慧能的弟子南岳怀让经数传形成沩仰、临济两宗，慧能的另一弟子青原行思经数传分为曹洞、云门、法眼三宗，即所谓禅宗的"一花开五叶"，其中临济、曹洞两宗流传时间最长。在广泛流传的过程中，禅宗思想潜移默化地渗透到中国文化的方方面面，对文化形态、思维方法、审美情趣等方面都产生了深远的影响。

　　如茶禅文化。茶禅是一种借饮茶而习禅的生活兼修行方式，借茶艺茶礼修禅悟道。其思想出自两宋之间的临济宗领袖圆悟克勤禅师。圆悟克勤禅师在宋徽宗政和年间受邀入住夹山灵泉禅院（湖南夹山被认为是茶禅文化的诞生地），十年间潜心研究禅与茶的关系，终有所悟，并写下了"茶禅一味"。南宋末年，日本高僧荣西禅师两次来中国，回国时据说将圆悟克勤禅师"茶禅一味"的墨宝带回了日本。后来一休和尚将这副墨迹传给了珠光，珠光得到墨宝后，把它挂在茶室，只要走进茶室，必敬拜之，于是这副墨迹成为茶与禅结合的标志。慢慢地，"茶禅一味"就成为日本茶道的最高境界。

禅宗对中国的绘画艺术也影响甚大。唐代诗人王维受禅宗思想的启发，首创泼墨法，使山水画耳目一新，被董其昌尊为南宗山水之祖。后世画家倪云林以平淡天真、从容安详、简约疏朗的笔法创造了一个寂静的世界，契合了"青山元不动，浮云任去来"的佛家思想。八大山人在国破家亡后遁入空门，拜曹洞宗38代传人弘敏为师，成为曹洞宗的门徒后，又参禅于临济一派，顿悟后的他深通南禅一而不二的思想，他画的鱼与周边世界浑然一体，动静不二。他有一幅《鸡雏图》，一只孤零零的小雏鸡置身于一片空白的世界，虚实相生，无画处皆成妙境。八大山人的作品带有明显的禅宗美学特征，在禅宗思想的影响下，他的艺术已经超越了绘画的表面形式，而是对生命本真的认知和对自由精神的追求。

在禅宗思想的影响下，吟诗、作画、焚香、品茶、赏花、抚琴都被当作参禅悟道的途径，琴与禅的结合也不例外。宋代成玉磵认为，攻琴如参禅，经岁月磨炼，瞥然省悟，则无所不通，纵横妙用，至于未悟，虽用力寻求，但终无妙处。宋以后的禅师和士大夫也有大量的反映琴禅一味思想的诗文留世。例如，白居易的诗：

本性好丝桐，尘机闻即空。一声来耳里，万事离心中。清畅堪销疾，恬和好养蒙。尤宜听三乐，安慰白头翁。(《好听琴》)

蜀桐木性实，楚丝音韵清；调慢弹且缓，夜深十数声。入耳淡无味，惬心潜有情。自弄还自罢，亦不要人听。(《夜琴》)

月出鸟栖尽，寂然坐空林。是时心境闲，可以弹素琴。清泠由木性，恬淡随人心。心积和平气，木应正始音。响余群动息，曲罢秋夜深。正声感元化，

天地清沉沉。(《清夜琴兴》)

鸟栖鱼不动，月照夜江深。身外都无事，舟中只有琴。七弦为益友，两耳是知音。心静即声淡，其间无古今。(《船夜援琴》)

诗歌中的"空、静、淡、寂、闲"体现了诗人琴禅一味的思想，描绘了诗人夜来无事，以听琴抚琴参禅的生活。

宋苏东坡《听沈君琴》曰："若言琴上有琴声，放在匣中何不鸣？若言声在指头上，何不于君指上听？"诗句的意思是仅仅靠琴本身或者弹奏的技巧都不可能产生精妙的音乐。美妙的音乐来自琴与指的完美融合，彼时，琴指不分，是琴，非琴，是指，非指。诗人借用了《楞严经》中譬如琴瑟、箜篌、琵琶，虽有妙音，若无妙指，终不能发的禅意，以琴声来描述深刻的禅理。此诗也表达了诗人对琴乐美学的理解。

再看南宋禅师释居简的琴诗《秋壑》：

> 泠风在怀袖，何必借商弦。
>
> 就下识天巧，适安忘地偏。
>
> 寒泓嫌雪暖，秋草似春鲜。
>
> 见说蓬莱远，依稀拄杖前。

这首诗强调了琴禅不二的思想，开示琴人不要被五音所囿，以琴修禅，可证得大道天音。

禅宗重顿悟，通过日常生活和艺术修习去感悟超自然不生不灭的精神，获得一种永恒的力量，达到心灵与宇宙万物的沟通，这种思想与道家的"大音希声"有某种异曲同工之妙。

宋人周端臣《听无悔琴》写道：

悟琴如悟道，神闲若无营。在心不在指，以意非以声。锵尔风篁韵，泠然天籁鸣。曲终各一笑，相对无亏成。

此外还有岑宗旦的《听琴》诗：

琴中太古意，方外无为心。弹之道颇散，不弹理弥深。所以陶元亮，何须弦上音。

诗人们通过诗句表达了对琴禅一味的理解。清代画家戴醇士对无言之境亦有深刻理解。他说："心与造物者游，故动即相合，一落语言文字，便是下乘。"他还有一首题画诗："万梅花下一张琴，中有空山太古音。忽地春回弹指下，第三弦索见天心。"诗中的"天心"暗示着人琴俱忘之后达到的妙契无言之境。人琴俱忘的禅境在耶律楚材的诗中也有描述：

和王正夫忆琴

道人尘世厌嚣尘，白雪阳春雅意深。万顷松风皆有趣，一溪流水本无心。

忘机触处成佳谱，信手拈来总妙音。陶老无弦犹是剩，何如居士更无琴？

耶律楚材也是琴禅一味的践行者。所不同的是，他本身既是古琴家又是禅宗大德。他的很多诗作都反映了他以琴悟道的琴学思想，如：

爱栖岩弹琴声法二绝（其一）

须信希声是大音，猱多则乱吟多淫。

世人不识栖岩意，只爱时宜热闹琴。

大音希声、大道至简是道家思想，也是禅宗美学。在琴艺美学上，以简静为美，吟猱不露为上。所以耶律楚材认为过多的吟猱只是徒增热闹，与道背驰。因此他告诫琴人"瑶琴莫抚相如引"，"琴伴箫声变郑音"，在弹奏时要避免过多的吟猱，如此才不"孤负观音正法门"。

明末，琴禅一味的思想又在一本集大成的古琴美学著作中得到了传承，它就是徐上瀛著的《溪山琴况》。此书描绘的二十四况涵盖了古琴的审美意象，其中的和、静、远、淡、逸等况与禅宗精神一脉相通。以和况和静况为例，摘录如下：

和　况

要之，神闲气静，蔼然醉心，太和鼓鬯，心手自知，未可一二而为言也。太音希声，古道难复，不以性情中和相遇，而以为是技也，斯愈久而愈失其传矣。

静　况

声厉则知指躁，声粗则知指浊，声希则知指静，此审音之道也。盖静繇中出，声自心生，苟心有杂扰，手有物挠，以之抚琴，安能得静？惟涵养之士，淡泊宁静，心无尘翳，指有余闲，与论希声之理，悠然可得矣。

和况不仅是对琴乐演奏技艺的要求，而且是更高的美学境界要求。它明确了通过音乐能打开更广大深远的心灵空间，人琴合一，达到自在自由的精神境界。

在静况的描述中，作者表达了希声至静的观念，提出了心性的修养——淡泊宁静、心无所扰，唯有道之士可得之。躁气、浮气、浊气和俗气都是传统艺术的大忌。而静气出于单纯、清醇、和谐和宁静。

此外，远况中"远以神行"，"神游气化，而意之所之，玄之又玄""境入希夷，非知音未易知"，淡况中"每山居深静，林木扶苏，清风入弦，绝去炎嚣，虚徐其韵，所出皆至音，所得皆真趣"等和禅境都有异曲同工之妙。

当代古琴家巫娜女士创作了很多有禅意的现代古琴音乐，其发行的专辑深受大众喜欢。听琴如修禅，舒缓悠长的琴韵能产生宁静致远的氛围，给紧张忙碌而又浮躁的世人营造了暂时休憩心灵的避风港。

那么对于琴人而言，如何修习琴禅呢？琴禅与茶禅相通，因此，可以"和、静、清、淡"为琴禅的精神，以"简、静、空、灵"为其美学意向。琴禅的宗旨不在于以旋律美取悦于听众，而在于注重身心的蜕变，即通过艺术实践达到变化气质、脱胎换骨的目标。通过抚琴，启发身体感知的灵敏度，去伪存真，返璞归真，不勉力而为，不刻意做作，让音乐进入一个纯粹的境界，赋予听者以能量和心灵关怀。心性修习是琴禅的用功点，舍弃虚饰，清净自心，训练心与声音同在的深度专注力，以音为鉴，最终使琴音和人格都趋于圆满。

清和之美

一、和为五音之本

稽康在其《声无哀乐论》中认为，至和之声无所不感。声音和比，感人之最深者也。心、理、声、气会合变通达成音乐之大美，其根本就是内心的平和，唯有平和的内心才能出来和谐的音声。在这篇论述中，稽康特别提到了音乐的危险性。音声变化无穷无尽，若不加以节制，人心容易被迷惑，放纵无度，"先王恐天下流而不反"，因此制定可奉之礼、可导之乐，要让音声达到极度的和谐，而不是使它穷尽变化。他寄希望于平和的音乐，认为以平和的心、理、声、气配合并加以发展，才能创作出纯正的音乐，这种音乐能使人的感情为歌词所动，心为音调感染，如此良好的风俗就形成了。这个观点和《礼记·乐记》中的礼乐教化思想相通，都肯定了音乐"和"的美学意义。《溪山琴况》对和况做了详细的描述，对学习者的琴艺实践颇具现实指导意义。

《溪山琴况》首先从音乐本身强调了音和的必要性，说明了调弦的方法，强调七弦调和而后才能弹奏曲子。调和的方法有散和、按和和泛和，若前三者还不能调和，那就按泛相参，直到和谐。接着它又提出了弹奏古琴的三和理论：弦与指合，指与音合，音与意合。这是对演奏技巧的要求。下文我们结合琴曲来解说三和。

（一）弦与指和

《溪山琴况》说："夫弦有性，欲顺而忌逆，欲实而忌虚。若绰者注之，上者下之，则不顺；按未重，动未坚，则不实。""往来动宕，恰如胶漆，则弦与指和矣。"弦与指和的核心要义就是运指要行自然之道，指法要正，按要实，动要坚，运指要顺势而为。以《仙翁操》为例，左右手指法有勾、挑、撮、掐起、泛音、绰注。

勾，要求手指触弦点在离指端2毫米处，不可入弦太深，如此，甲肉声方能达到平衡，音声就不会厉或者闷。另外，手指根关节运动，把力传到指端，而不是拙力在指端。前者是力的和谐，后者是力的执着。

挑，要求悬落而非顶弦推出。忌右手大食二指捏紧弹弦，否则音就会滞而俗。以大指甲尖抵于食指头肉之中，大指辅助食指，离弦击打，食指触弦后迅速放松，于是声音就能清劲灵活。

撮，要求大指和中指或者食指和中指搭在弦上，不可深，放松手指，然后合力一夹，要求两声相合如一声。

掐起，对于初学者是一大挑战。掐通常带撞，要做到音和，就必须提前准备，当左大指撞后向后一徽位行进时，左无名指必须跟着展开，和大指要同步达到各自徽点，如此音才无缝相合。

泛音则要求左右手和谐配合，点出空灵如天乐的音声。

这些基础的指法做到尽善了，还只是好的原材料，然后是运指的功夫，手不离弦，往来动宕，绰注要虚实相生，且不可混用，如此才能达到指与弦和。

《思齐堂琴谱·指法要论》提出，古人用意，全在指法上做功夫。功夫之道只在中和得宜。右手指法不宜太重，太重则伤于刚，不宜太轻，太轻则伤于柔，是以轻重必须得宜，刚柔必须要节奏。左手指法不宜太疏，太疏则收拾不来，不宜太拘，太拘则不能调和舒畅，并且指法正则五声谐。范仲淹《天竺日观大师塔记并铭》这样描述："师深于琴，余尝听之，爱其神端气平，安坐如石，指不纤失，徽不少差，迟速重轻，一一而当。故其音清而弗哀，和而弗淫，自不知其所以然精之至也。"

（二）指与音和

学习者在准确掌握了指法和运指的基础上，就进入了第二层次的学习要求，即达到指与音和。《溪山琴况》指出，音乐有篇章结构的法度，乐句有节奏，乐音有关键窍要。所以演奏前对所弹奏的乐曲结构要心下分明，乐句中的节奏气口要把握好，再辅予恰好的吟猱绰注，轻重缓急，如此，指与音和。

这一层次，好比书画中的谋篇布局。对乐曲的处理，当吟则吟，当猱则猱，断句要清楚，起承转合，做到和谐，音乐就顺耳。诚如《溪山琴况》所云："究心于此者，细辨其吟猱以叶之，绰注以适之，轻重缓急以节之，务令宛转成韵，曲得其情，则指与音和矣。"

学习者做到了指与弦和，琴音自然清和舒畅，但是音韵未必有所主。因此掌握了琴曲的指法技巧之后，就要开始分析琴曲本身。比如《酒狂》，乐曲描述了喝酒到酒醉的过程。梅曰强先生在传授此曲时认为：一开始不能快，喝酒不是一下子就醉的，所以开始的部分要控制好速度，吟猱也不能露；酒过三巡，醉意越来越浓，这时候，虽然是同样的旋律，125135155，但速度加快，同时运用大吟来表达醉意；喝完酒，回家了，步履踉跄，在6554325111的演奏时要呈现不平衡不稳定的节奏感，形象地表达出醉汉的步履；吐酒声的旋律重复两遍。第一遍抹挑抹勾剔抹挑七声长锁后，从三弦九徽直上到七徽，想吐可是没吐出来，然后第二遍从三弦七徽处继续长锁后直上五徽，到了五徽不要立刻抓起，略停顿，就像憋气，然后迅速抓起同时右手散勾一弦，起到和声的音效，终于吐完了；最后一句也是重复一遍，第一遍回家上床睡觉，第二遍速度放慢，放轻柔，最后一声右手小撮一三弦时，轻轻地往上拎，此时夜阑人静，回家的人也睡着了。梅先生版的《酒狂》处理得很生动。

（三）音与意和

"音与意和"是琴人更高层次的修炼，即不仅要用最精微的技术表达内心最深微的心绪，还要有弦外之趣。伯牙学琴于成连，三年艺术已到精绝，但是仍然未成，最后老师带他到蓬莱岛移情才大成。于是乎，"其有得之弦外者，与山相映发，而巍巍影现；与水相涵濡，而洋洋徜恍。暑可变也，虚堂凝雪；寒可回也，草阁流春。其无尽藏，不可思议"，这是琴艺最难的地方。凝神静气，心手相合，达到忘我的境界，也许能有所得。宋代琴僧义海十年不下山，日夜不停地苦练琴艺，意韵萧然，得于声外，天下从海学琴者辐辏，无有臻其奥。

以《酒狂》为例。《神奇秘谱》认为阮籍叹道之不行，与时不合，故忘世虑于形骸之外，托兴于酗酒，以乐终身之志，他不是真嗜于酒而是有道存焉。如果演奏者仅仅表现了醉酒之态，则还是停留在音乐表达层面上，要达到音与意和，演奏者就要具备共情的能力，要让听者在琴韵中感知到阮籍借酒佯狂实则不甘合流同污的清流风骨。这一层次的要求超越了技巧，甚至超越了音乐本身，走向了哲学或者宗教领域。《琴史》认为，"是故君子之于琴也，非徒取其声音而已，达则于以观政焉，穷则于以守命焉"。

对于琴人来说，弦与指和是最基础且最关键的基本功，而后要能分析曲式结构，再运用熟练的技巧去诠释曲子要表达的主题思想，达成前两和，音乐已经可以赏心悦耳了。第三和是终生的修为。以曲养心，以心养曲，最终趋于人琴合一。这三和有次第之分，当循序渐进。但是现实中，有些学习者连指与弦和的琴艺基本功都未达到，就直奔琴道的境界而去，其问题是把技与道人为地割裂了，这是认知上的错误。

技道不可二分，道在技中，所以求道不在于另辟蹊径，只在技中下足功夫，日久自然达道，正如《琴声十六法》所述：当指与弦化，自得浑合无迹。吾是以和其太和。

二、清为声音之主宰

范仲淹在《与唐处士书》中写道："盖闻圣人之作琴也，鼓天地之和而和天下，琴之道大乎哉！"有人问范公："琴何为是？"答："清厉而静，和润而远。"上篇我们讲到"和"，和为五音之本，和之至，大音希声。本篇，我们来谈谈琴乐美学之"清"。

中国人的"清"有明确的文化指向，它往往和儒道结合在一起，比如：道教的三清、上清；儒家的两袖清风、清流、要留清白在人间等。清，给人的感觉是轻盈上扬的，同时清又和道德节操联系在一起。

《溪山琴况》之清况认为，清为大雅之原本，声音之主宰。弹琴不清，则不如弹筝。可见清也是古琴美学的最本质要求之一。那么如何做到清呢？

首先，地不僻则不清。弹琴之场所不能太喧闹，古人凡鼓琴，必择明堂、静室、竹间、松下，他处则未宜。清风明月、苍松怪石，高山庙宇，身在其中自然就能感受到一股自在清气，心就能有所收摄。

其次，琴不实则不清。制琴的材料以老杉木为佳，如果是泡桐，木质太疏松，音就不清；琴面板太薄，音质也会单薄而且生硬，发紧，余韵极短。另外，有些斫琴师为追求鼙鼓韵而强化了低沉的混响感，也会令琴音不清。

最后，弦不洁则不清。琴弦也要注意养护，保持洁净，不然也会影响音质和弹奏的手感。具体注意两点：一是弹琴前要洗净擦干双手。弹琴前后都用柔软的擦琴布把琴弦和琴面擦拭干净，防止琴弦落上灰尘，影响灵敏度。二是新琴钢丝音比较重或者弹了一段时间琴弦干涩时，用养护膏薄薄地涂抹一层，可以让琴弦顺滑许多，并且能相对降低噪音。

接下来的"清"是对琴人自身的要求。

首先，心不静则不清。"清"意为纯洁无秽，明鉴不杂，"静"指心地宁静、不受外物干扰，安定不烦。只有心地宁静，守心如一，才能纯净无染。清与静是互相依存的一对关系，因此常组合在一起。《北史·苏绰传》曰："心不清静，则思虑妄生。"范仲淹在《与唐处士书》中认为在琴一道，清静和平，性与琴合。

其次，气不肃则不清。古人弹琴注重仪礼，要衣冠整肃，鼓琴之时，无问有人无人，须如对长者。以恭敬心弹琴，心必专注，指不虚下，弦不错鸣，音调就不会杂乱。

最后，指上之清尤为最。指求其劲，按求其实，则清音始出。手不下徽，弹不柔懦，则清音并发。而又挑必甲尖，弦必悬落，则清音益妙。两手如鸾凤和鸣，不染纤毫浊气。厝指如敲金戛石，傍弦绝无客声，此则练其清骨，以超乎诸音之上矣。

这是对弹琴技术上的要求。按不实，弹无力，音不清，因此弹奏要求安欲入木，弹如断弦。安欲入木是对左手的要求。左手按弦，以大指和无名指为主，大指按弦点在左手大指半肉半甲处，中关节呈自然弯曲状态，虎口撑起，呈 U 形，食指覆其上，中名两指稍下，掌心自然圆。名指按弦点在指头稍侧左，中关节自然弯曲，末节不可折。大指与名指按弦都要坚实，但同时音要松活，要求力恰到好处，尤其上下走弦，须虚实相生，音的空间自然敞开。弹如断弦是对右手的要求，强调取音要果断有力，忌其轻如摸。但是有力并非用蛮力，而是要求手指彻底放松，以内劲发力。比如勾，手指轻轻搭于弦上不着力，然后以根关节带动指尖落弦；再如挑，大指轻轻搭在食指第一关节下部，状如龙眼，食指击打前稍后退离弦，蓄势后果断悬空击打。弹琴至得心应手，左右指下，望之不觉其用力，实则进退抹挑，声声具有击鼓撞钟之势。因此安欲入木，弹如断弦，力欲不觉。指不可不坚，却须用力而不觉。此外，右手的落弦点也关乎音色，一般在岳山与一徽的二分之一处，声音中正，过徽音色不够清亮，近岳音色则偏硬。轻重得宜，刚柔相济，左右手配合默契，声音干净无客声，琴音之清就有了。

如上所述，"地僻则清，心静则清，气肃则清，琴实则清，弦洁则清，必使群清咸集，而后可求之指上。两手如鸾凤和鸣，不染纤毫浊气。厝指如击金戛石，缓急绝无客声。试一听之，则澄然秋潭，皎然月洁，渚然山涛，幽然谷应。真令人心骨俱冷，体气欲仙"（《琴声十六法》）。

第五章

浙派古琴美学思想

文质彬彬　君子之乐

古琴的流派始于南宋，后人称为南宋浙派，或古浙派，以区别于清代后逐渐形成的新浙派。古浙派形成之前，据史料记载，隋唐已有吴声清越和蜀声躁急的地域风格差异。唐琴师董庭兰兼学祝家声和沈家声，最后形成了惊天地泣鬼神的古琴演奏技艺。北宋朝，有一个以朱文济为首的琴僧系统，一百多年中，师徒相传，传承有序。朱文济是当时被誉为"鼓琴天下第一"的琴待诏。他的得意门生是京师的慧日大师夷中。夷中将琴艺传给知白、义海。义海有学生则全和尚，著有《则全和尚节奏指法》。则全又将琴技传授给弟子照旷，照旷以弹《广陵散》音节殊妙著称。到了南宋，朝廷偏安一隅，以临安（今杭州）为政治和文化中心的江南经济富裕，吸引了大量的琴师聚居。当时琴师间所用的琴谱称为浙谱，以区别于之前的江西谱。不少优秀的琴师也成为达官贵人的门客，其中光禄大夫张岩家的琴师郭楚望成就最大。他继承并发展了传统的琴曲，还创作了《春雨》《飞鸣吟》《泛沧浪》《潇湘水云》等颇具特色的琴曲。张岩在政治斗争中失势后，把多年收集和购买的琴谱15卷交给郭楚望，这为浙派的形成奠定了基础。后郭楚望把这些琴曲传授给学生刘志方。刘志方继承了郭楚望的琴学，并创作了《忘机曲》《吴江吟》等琴曲。在古浙派的形成过程中，杨缵也起到了关键性的作用。杨缵爱好音乐，和门客们订正整理了多首琴曲，汇编为《紫霞洞谱》。后来，杨瓒又派其最优秀的门客毛敏仲和徐天民向刘志方学习郭楚望的琴曲。毛敏仲先学江西谱，又从刘志方学习浙谱，创作了大量的琴曲，如《渔歌》《樵歌》《禹会涂山》《庄周梦蝶》《山居吟》《佩兰》《列子御风》《幽人折桂》等，对浙派的形成做出了不可磨灭的贡献。此后，浙派的琴曲艺术一直影响到元明两朝。徐天民门下在元明时期传承四代，将浙派古琴艺术推向了顶峰，有"浙操徐门""徐门正传"之说。明刘珠在《丝桐篇》中提出近世所习琴操有三种：江操、浙操和闽操。其中习闽操者百无一二，习江操者十或三四，习浙操者十或六七。关于对浙操的评价，宋人成玉磵在《琴论》中提出京师、两浙和江西地区，能琴者极多，然而指法各有不同。京师过于刚劲，江西失于轻浮，唯两浙质而不野，文而不史。明人刘珠亦评价道："据二操观之，浙操为上，其江操声多烦琐，浙操多疏畅，比江操更觉清越也。"从中我们可以提炼出关键信息：浙派琴乐清越舒畅，文质兼美。

文与质是中国古代文艺理论中一对重要的概念，后来文质理论成为儒家美学思想的重要组成部分。孔子曰："文质彬彬，然后君子。"君子是儒家完美人格的代名词。在孔子看来，只有文和质的完美统一才符合君子的标准。孔子曰："质胜文则野，文胜质则史。"这就要求内容和形式的高度统一。好的内容一定要用恰当的形式来体现，恰当的形式同样会为好的内容增光添彩。

"文质彬彬"表达的是儒家的中庸思想。人既要有内在的质朴又要有外在的文采，华美与朴素对立统一，相互依存才是最理想的君子人格。文质兼美强调的是内容和形式的和谐统一。

那么从文质理论来看，浙派琴乐"质而不野，文而不史"，即指它注重音乐表现内容和表现形式的高度统一。浙派琴曲内容丰富，主题深刻，经典曲目有数十首，其音乐表现技巧高超，旋律舒畅清越，下面以代表曲目《潇湘水云》为例进行阐释。

《潇湘水云》为浙派古琴代表性曲目，系南宋浙派创始人郭楚望所作。郭楚望在张岩被贬后曾居住于湖南衡山附近，每遥望九嶷山为云雾所遮蔽，心中顿生国破家亡之感，触景伤情，遂创作了这首千古名曲。此曲被认为是作者的爱国主义思想和乐曲的艺术性、技巧性都达到高度境界之作，可称得上文质兼美。

明代琴谱中分段标题有《洞庭烟雨》《江汉舒晴》《天光云影》《水接天隅》《浪卷云飞》《风起水涌》《水天一碧》《寒江月冷》《万里澄波》《影涵万象》。

到了清代，此曲发展成十八段。乐曲以泛音滚拂的技法表现烟波浩渺的意境。左手持续不断地上下走音来显示压抑的惓惓之情，往来和荡吟的技巧形成水云声，水波荡漾，云影飘忽。九段之后节奏转促，运用大音程的快速跳进和鲜明的音色对比呈现云水激荡奔腾的壮观。作者用精湛的艺术表现手法，描绘了水光云影、江水奔涌的景象，同时表达了作者对祖国山河的爱恋以及忧国忧民的爱国主义思想。

古琴家查阜西先生因善弹此曲，被誉为"查潇湘"。此外，吴景略先生和龚一先生的演奏也获得了公认。龚一先生写过一篇文章——《关于〈潇湘水云〉的体会》，分享了他多年来在教学和演奏此曲中琢磨和积累起来的经验。他评论此曲是古琴曲中不论是思想内容、曲式结构还是技术技巧都较为统一的，具有代表性的一首琴曲。龚先生在文章中非常细致地描述了技术技巧服务于艺术表现，内容与形式的统一性，现择其要点概括如下：

第一段

艺术表现：冷冷圆润的泛音，表现一派朦胧的湖光山色。

技巧要求：泛音滚拂，弹奏时右指应弹得抒情柔美，拂也要拂得饱满而匀称。要使音都在空气中回响，防止音与音之间被前后阻塞。音与音间的气息掌握要张弛合理，符合力的推行逻辑。掌握好起承转合、松紧快慢的尺度。

第二段

艺术表现：委婉抒情、恬静叙诉潇湘山水的妩媚秀丽。

技巧要求：要注意音与音的连接，不能有断裂空隙，尤其在过弦时必须要注意留足时值、过弦疾速。上下滑音的处理，既不忸怩作态，又不可单一平乏，要适度、柔美。

第四到第六段

艺术表现：水云声，浪卷云飞的气势。

技巧要求：大幅度的吟猱往来，间以连续空弦音的应合以及速度的加快。蟹行技法，连续四度音隔弦跳进，音准、速度和旋律要保持连贯性。

第七段

艺术表现：波澜壮阔的画面。

技巧要求：色彩斑斓的音色，穿透性的力度，七徽上从二弦到七弦的连续跳进，既要有颗粒弹性又要保持连贯性。

第十段（散板演奏）

艺术表现：深沉的感叹。

技巧要求：节奏处理跌宕起伏，有松有紧。

第十一段（高音段泛音）

艺术表现：高山之巅，遥看大山巨川，抒发对秀美河山的赞美。

技巧要求：平稳宁静的心态，音乐处理平稳舒缓。

第十二段

艺术表现：愤懑悲壮的情绪。

技巧要求：连续的泼刺，散板的板拍处理先紧后松，一字一顿。

第十三段

艺术表现：峰回路转。

技巧要求：右指下指有力而不爆，能出如同从琴面木头里渗透出来的、雄浑深沉的音色为好。

第十四段（尾句泛音）

艺术表现：风平波息，意远万里。

技巧要求：左手正确点徽位，注意右手对用力的控制。声音在空中尽可能地回响。

龚先生出众的音乐天赋和深厚的人文素养让他自成一家，形成了清和婉转、中正秀丽的琴风。他对音乐的要求是细致地分析和处理乐曲，追求音色之美，同时正确地表达音乐的特定内涵；他对自己的要求是艺术家要有细腻与粗犷相结合的思维。"胸中有古人，眼前有听众"是大家对他的演奏的评价。他的音乐充分体现了浙派琴乐"质而不野，文而不史"的特点，显现出文质兼美的艺术高度，因此深受大家的喜爱。

"质而不野"是对指法规范性和演奏技巧的要求。如果琴人缺乏足够的技术能力，音乐就可能粗糙，不堪入耳。如成玉磵在《琴论》中言及：

> 琴无好恶，在弹者工拙。不善取声，纵曲本佳，愈觉生硬，如丑妇珠翠徒自多耳。善取声者，纵曲本不佳，亦自美听，如西施淡妆，自有不凡气韵。

但是从"文而不史"的批语来看，浙派琴乐也不会是纯粹的炫技。如果演奏者沉迷于高超的技术表达，就会失于轻浮。精致的技术最终要服务于曲情曲意。琴人通过优美的旋律表达曲中深意，同时呈现出自身高洁的情操。

总而言之，浙派音乐蕴含了儒家中和的审美观，音乐美好又质朴，既重技巧又不被技巧所囿，形式与内容和谐统一，表达出中和中正的音乐风格。

声音之道　微妙圆通

　　音乐，是以声音为表现手段的一种艺术形式和文化活动。简言之，音乐是声音的艺术，而声音是一种波动。音乐就是我们通过波动感受到的一种艺术，实际上就是能量本身。古琴曲中有一首《普庵咒》，乐曲由许多单音参差组合，其音韵畅达，节奏自然，令人身心俱静，收摄浮躁涣散的心神。

　　声音之道，早在《礼记·乐记》中就有记载：

　　治世之音，安以乐，其政和。乱世之音，怨以怒，其政乖。亡国之音，哀以思，其民困。声音之道，与政通矣。

　　《礼记·乐记》通过声音有道提出德音治世的观点，突出音乐善的功效，强调音乐的社会功能，从而达到巩固统治的目的。

　　先来看《琴声十六法》中对"松"的定义：

　　松。即吟猱妙处，宛转动荡，无滞无碍，不促不慢，以至恰好，谓之松。吟猱之巨细缓急，俱有松处，故琴之妙在取音。取音婉转则情联，松活则意畅。其趣如水之兴澜，其体如珠之走盘，其声如哦咏之有韵，可以名其松。

何为松？上下走弦、吟猱绰注时用力恰到好处，速度快慢恰到好处，琴声才能婉转意畅。

再看《道德经》中涉及音声的地方：

有无之相生也，难易之相成也，长短之相刑也，高下之相盈也，音声之相和也，先后之相随，恒也。是以圣人居无为之事，行不言之教，万物作而弗始也，为而弗恃也，成功而弗居也。

老子通过日常的社会现象与自然现象，阐述了世间万物的存在都具有相互依存、相互作用的关系，论述了对立统一的永恒法则。在此基础上，老子提出无为而为的思想，即顺其自然，任万物自然兴起而不为其创始，有所施为但不加自己的倾向，功成业就而不自居。《道德经》中提到的"音声"是一对什么概念呢？《礼记·乐记》说："声成文，谓之音。"《说文》解："音，声也。生于心，有节于外，谓之音。宫商角徵羽，声；丝竹金石匏土革木，音也。"《说文通训定声》："单出曰声，杂比曰音。"美恶、有无、难易、长短、高下、前后都是一对相反相成的概念，音声也当如此。声，是未经加工的自然之声，也可指未按规律排列的不和谐之声，而音是艺术加工过的产物，或指符合音乐美学规律的和谐之音，音声相互对立又彼此依存转化。老子的"不言之教、无为之事"思想应用在音声的音乐问题上，可以理解为老子推崇的是声也是音，非声也非音，是音声相和、无为自然的和谐之乐："执大象，天下往。往而不害，安平大。乐与饵，过格止。故道之出言也曰：'淡呵其无味也。视之不足见也。听之不足闻也。用之不可既也。'"《道德经》第四十一章曰："大音希声，大象无形。""大音"即最大最美的声音，在老子哲学中，即指道，"希声"指基于具体感知又超越具体感知的声。大音希声是音乐的最高境界。

浙派文人琴崇尚"微妙圆通"，琴风古朴典雅、平和稳健怡淡，内涵丰富，生动而不流俗。"微妙圆通"，出自虞山派创始人严澂的《琴川汇谱》序："盖声音之道，微妙圆通，本于文而不尽于文，声固精于文也。然则谓琴之道未尝不传，亦可。"

微妙一词常见于道家的典籍中，如《道德经·善为士者》中"古之善为士者，微妙玄通，深不可识"。老子在描述道时说："视之不见，名曰夷；听之不闻，名曰希；搏之不得，名曰微。此三者，不可致诘，故混而为一。"夷、希、微这三个字都是幽而不显的意思，无色无声无形，用来形容人的感官无法把握住道。道，是超越外在形式的一种超验的存在体，是主导宇宙事物发展变化的规律，精微深奥，其生成的大美妙不可言。"粗尽而微，微极而妙，妙极而玄，玄则无所不通，而深不可识矣。"（苏子由《老子解》）具有微妙特征的音乐属于大音的范畴，琴者心手相合，漏尽有形的痕迹，其音声能量具足，直入人心。指在弦上，往来动荡，虚实相生，空间无限。这样的音乐不刻意，不彰显，是琴者心声的自然流淌。

圆通本是佛典用语，见于《注维摩诘经》《宝藏论》《楞严经》等。《晋僧肇法师宝藏论》曰："平等不二，圆通一身，可谓大象之真。"在佛典中，圆通是一种得道的境界——包容万物，自然无为的圆满状态，是佛教至高的精神境界。后来，圆通一词被刘勰用为审美用语。史钰研究了《文心雕龙》中"圆通"的审美指向，从诗、论说文、封禅文三方面分析了圆通的内涵——雅润清丽、心与理合以及文辞畅达。

同理，圆通的琴乐，其音也必雅润清丽，其乐也必舒畅旷达，令听者如沐春风，身心自在。圆通的琴乐，还在于圆满的人格修养。性纯净平和、宽厚有大爱的琴人的指下才能流淌出圆融无碍的音乐。

综上，微妙与圆通，同属于形而上的范畴，两者所要求的音乐具有与道合一的大乐特点：简单，朴拙，纯粹，生机盎然。它摒弃了不必要的烦琐细节，令音乐呈现出辽远宽阔的空间。它产生的能量场能疗愈人心、完善自我。

当代琴家中，陈熙珵老师的音乐大气清灵，朴素自然，张弛有度，颇有微妙圆通的特征。陈老师弹奏的《流水》《平沙落雁》《梅花三弄》等曲都深受大家喜欢。陈老师的《梅花三弄》传承于吴景略先生，但是仔细对比，又与吴先生演奏的有区别。比如《梅花三弄》第七、八、九段的演奏，吴先生版有修饰加花的细节，非常华美，陈老师在自己的演奏中去掉了加花的细节，她认为稍简洁的旋律反而更能衬托出梅花的中正高洁。这是陈老师古琴美学思想的体现，也是她对声音之道的理解。

第六章

唐宋琴诗里的流行乐与琴韵美学

唐宋琴诗里的流行乐

唐宋诗词中反映出了大量的琴曲，这些曲子大多继承了前代的传统，有着悠久的历史渊源，在唐宋时期依然流行，活跃在文人的生活雅趣中，如《南风歌》《阳春》《白雪》《别鹤操》《雉朝飞》《乌夜啼》等。本节通过梳理唐宋时期的琴曲，整理出部分流行于当时的著名琴曲，并对曲目做一简略说明。

一、《南风歌》

《南风歌》，又名《南薰歌》，相传为舜帝所作。乐曲抒发了中国先民对"南风"既赞美又祈盼的双重感情，表达了作者为民着想，以民之忧为己之忧的思想。此曲内含礼乐思想，因此较多地被引用在诗词中，如：

奉和张舍人阁中直夜思闻雅琴因书事通简僚友

〔唐〕吕 温

迢递天上直，寂寞丘中琴。忆尔山水韵，起予仁智心。

凝情在正始，超想疏烦襟。凉生子夜后，月照禁垣深。

远风霭兰气，微露清桐阴。方袭缁衣庆，永奉南薰吟。

听岳州徐员外弹琴

〔唐〕张　祜

玉律潜符一古琴，哲人心见圣人心。

尽日南风似遗意，九疑猿鸟满山吟。

和杨畋孤琴咏

〔宋〕范仲淹

爱此千年器，如见古人面。欲弹换朱丝，明月当秋汉。

我愿宫商弦，相应声无间。自然召南风，莫起孤琴叹。

二、《阳春》《白雪》

此二曲也较多地被引用在诗词中，如：

绝　句

〔宋〕释祖可

琴到无弦听者希，古今惟有一钟期。

几回拟鼓阳春曲，月满虚堂下指迟。

送弹琴李长史往洪州

〔唐〕钱　起

抱琴为傲吏，孤棹复南行。几度秋江水，皆添《白雪》声。

佳期来客梦，幽思缓王程。佐牧无劳问，心和政自平。

三、《雉朝飞》《别鹤操》《乌夜啼》

《雉朝飞》相传是战国时期齐国处士牧犊子所作。牧犊子年老而无妻，见雉鸟双飞，触景生情，自叹命途多舛，遂寄情于丝桐，歌曰："雉朝飞兮鸣相和，雌雄群游兮山阿。我独何命兮未有家，时将暮兮可奈何，嗟嗟暮兮可奈何。"历代古琴谱库中超过40部琴谱都记载了此曲。晋人崔豹《古今注》说，魏武帝时，有宫人卢女者善为新声，能传此曲。此曲在后世不断发展，明代朱权撰辑的《神奇秘谱》中其已经成为十四段的器乐曲。

《别鹤操》，汉乐府琴曲名。《古今注》说《别鹤操》为商陵牧子所作。牧子娶妻五年而无子，父兄将为之改娶。妻闻之，中夜起，倚户而悲啸。牧子感之而作是操也。后《别鹤操》用以指夫妻分离，抒发别情。

《乌夜啼》相传系南北朝刘宋时期临川王刘义庆所作。据《神奇秘谱》，元嘉十七年（440），徙彭城王义康于豫章，义庆时为江州刺史，至镇相见而哭。文帝闻而怪之，徵还宅，大惧。伎妾夜闻乌夜啼声，扣斋阁云：明日应有赦。其年更为南兖州刺史，因是而作《乌夜啼》之曲。《古今乐录》指出，《乌夜啼》是当时34首清商乐中西曲歌之一，表现了少年辞家远行之后女方对他的思念之情。

《溪山琴况》提出，忽然变急，其音又系最精最妙者，是为奇音，《雉朝飞》《乌夜啼》之操是也。

此三曲也较多地被引用在诗词中，如：

昭国里第听元老师弹琴

〔唐〕韦应物

竹林高宇霜露清，朱丝玉徽多故情。

暗识啼乌与别鹤，只缘中有断肠声。

雨中听琴者弹别鹤操

〔唐〕白居易

双鹤分离一何苦，连阴雨夜不堪闻。

莫教迁客孀妻听，嗟叹悲啼訑杀君。

听蜀道士琴歌

〔唐〕李宣古

至道不可见，正声难得闻。忽逢羽客抱绿绮，西别峨眉峰顶云。

初排□面蹑轻响，似掷细珠鸣玉上。忽挥素爪画七弦，苍崖劈裂迸碎泉。

愤声高，怨声咽，屈原叫天两妃绝。朝雉飞，双鹤离，属玉夜啼独鹜悲。

吹我神飞碧霄里，牵我心灵入秋水。有如驱逐太古来，邪淫辟荡贞心开。

孝为子，忠为臣，不独语言能教人。前弄啸，后弄輦，一舒一惨非冬春。

从朝至暮听不足，相将直说瀛洲宿。更深弹罢背孤灯，窗雪萧萧打寒竹。

人间岂合值仙踪，此别多应不再逢。抱琴却上瀛洲去，一片白云千万峰。

黄草峡听柔之琴二首（其二）

〔唐〕元　稹

别鹤凄清觉露寒，离声渐咽命雏难。

怜君伴我涪州宿，犹有心情彻夜弹。

四、《湘妃怨》《昭君怨》《大胡笳》《小胡笳》

此四曲是以女子为题材的琴曲。《湘妃怨》写的是古时候禹的两位妃子，

《昭君怨》写的是王昭君，《大胡笳》和《小胡笳》的主人公是蔡文姬。

诗词中的"湘妃愁怨"以及"两妃绝"指的是琴曲《湘妃怨》，描写的是远古的传说：舜崩于野，他的两个妃子娥皇女英悲痛欲绝，泪水滴落在竹子上留下块块泪斑。

《昭君怨》最早见于汉末《琴操》，按《明妃传》，汉元帝宫人欲幸者，据图以召。宫人多赂画工，昭君恃其貌，独不赂画工，由是毛延寿毁其状。匈奴求美女，以昭君行，帝见悦之，而名字已去不复留。帝怒，杀画工。昭君既嫁胡虏，以琵琶写怨，而后诗之有曰："去去阴山不见亲，桃添红泪柳添鬈。妾今不怨毛延寿，只怨当初不嫁人。"自后作《明妃曲》者多寓此意。

《大胡笳》和《小胡笳》是唐代最有代表性的琴曲。南北朝时，《古今乐录》记载有相和曲《大胡笳鸣》《小胡笳鸣》，初唐时沈家声和祝家声发展为代表性曲目《大胡笳》《小胡笳》，后由琴待诏董庭兰加以整理。现存最早的《大胡笳》《小胡笳》的曲谱见于《神奇秘谱》，其题解意为汉蔡邕之女文姬蔡琰，因汉末大乱，为胡骑所掠，入番为王后，王甚重之，春因感胡笳之声，文姬乃卷芦叶为笳而吹之，其音甚哀。

此四曲也较多地被引用在诗词中，如：

听董大弹胡笳声兼寄语弄房给事

〔唐〕李 颀

蔡女昔造胡笳声，一弹一十有八拍。胡人落泪沾边草，汉使断肠对归客。

古戍苍苍烽火寒，大荒沉沉飞雪白。先拂商弦后角羽，四郊秋叶惊摵摵。

董夫子，通神明，深山窃听来妖精。言迟更速皆应手，将往复旋如有情。

空山百鸟散还合，万里浮云阴且晴。嘶酸雏雁失群夜，断绝胡儿恋母声。

　　川为静其波，鸟亦罢其鸣。乌孙部落家乡远，逻娑沙尘哀怨生。

幽音变调忽飘洒，长风吹林雨堕瓦。迸泉飒飒飞木末，野鹿呦呦走堂下。

长安城连东掖垣，凤凰池对青琐门。高才脱略名与利，日夕望君抱琴至。

听杜山人弹胡笳

〔唐〕戎 昱

绿琴胡笳谁妙弹，山人杜陵名庭兰。杜君少与山人友，山人没来今已久。

当时海内求知音，嘱咐胡笳入君手。杜陵攻琴四十年，琴声在音不在弦。

座中为我奏此曲，满堂萧瑟如穷边。第一第二拍，泪尽蛾眉没蕃客。

更闻《出塞》《入塞》声，穹庐毡帐难为情。胡天雨雪四时下，五月不曾芳草生。

须臾促轸变宫徵，一声悲兮一声喜。南看汉月双眼明，却顾胡儿寸心死。

回鹘数年收洛阳，洛阳士女皆驱将。岂无父母与兄弟，闻此哀情皆断肠。

杜陵先生证此道，沈家祝家皆绝倒。如今世上雅风衰，若个深知此声好。

世上爱筝不爱琴，则明此调难知音。今朝促轸为君奏，不向俗流传此心。

小胡笳引

〔唐〕元 稹

雷氏金徽琴，王君宝重轻千金。三峡流中将得来，明窗拂席幽匣开。

朱弦宛转盘凤足，骤击数声风雨回。哀笳慢指董家本，姜生得之妙思忖。

泛徽胡雁咽萧萧，绕指辘轳圆衮衮。吞恨缄情乍轻激，故国关山心历历。

潺湲疑是雁鹡鸰，耆骝如闻发鸣镝。流宫变徵渐幽咽，别鹤欲飞猿欲绝。

秋霜满树叶辞风，寒雏坠地乌啼血。哀弦已罢春恨长，恨长何恨怀我乡。

我乡安在长城窟，闻君虏奏心飘忽。何时窄袖短貂裘，胭脂山下弯明月。

黄草峡听柔之琴二首（其一）

〔唐〕元 稹

胡笳夜奏塞声寒，是我乡音听渐难。

料得小来辛苦学，又因知向峡中弹。

闻　琴

〔唐〕孙　氏

玉指朱弦轧复清，湘妃愁怨最难听。初疑飒飒凉风劲，又似萧萧暮雨零。

近比流泉来碧嶂，远如玄鹤下青冥。夜深弹罢堪惆怅，露湿丛兰月满庭。

听宫人琴

〔宋〕胡仲弓

群哇方杂奏，忽听数声琴。天地有清气，君王知正音。

悲风生指玉，明月照徽金。曾抚昭君怨，宫人泪满襟。

听萧君姬人弹琴

〔唐〕卢　仝

弹琴人似膝上琴，听琴人似匣中弦。二物各一处，音韵何由传。

无风质气两相感，万般悲意方缠绵。初时天山之外飞白雪，渐渐万丈涧底生流泉。

风梅花落轻扬扬，十指干净声涓涓。昭君可惜嫁单于，沙场不远只眼前。

蔡琰薄命没胡虏，乌枭啾唧啼胡天。关山险隔一万里，颜色错漠生风烟。

形魄散逐五音尽，双蛾结草空婵娟。中腹苦恨杳不极，新心愁绝难复传。

金尊湛湛夜沉沉，余音叠发清联绵。主人醉盈有得色，座客向隅增内然。

孔子怪责颜回瑟，野夫何事萧君筵。拂衣屡命请中废，月照书窗归独眠。

五、《风入松》《广陵散》①《招隐》《幽兰》

《风入松》，按《琴赋》为晋嵇康所作。嵇康为人清狂旷达，高于音乐词

---

① 前文已有关于《广陵散》的介绍，此处不再赘述。

调，故是曲清响条畅，尤为世所珍。唐代诗僧皎然有诗作《风入松歌》，生动再现了《风入松》乐章的音乐形象和流露的情思。

据《琴史》，西晋时，左思见天下混乱，将招寻隐者，欲退不仕，乃作《招隐诗》，诗中歌咏了隐士的清高风骨。宋人黄顺之《听悟师弹招隐》曰："悟师手携清风琴，为我再奏招隐吟。"《张山人弹琴》中的"丘中赏""闻清音""投吾簪"均出自《招隐》。

《幽兰》，据传是南北朝杰出诗人鲍照所作琴曲歌辞之一。现存最古老的琴谱《碣石调·幽兰》保存于日本京都西贺茂的神光院。谱前有小序，说明该谱传自丘明。丘公，字明，会稽人也，梁末隐于九嶷山，妙绝楚调，于《幽兰》一曲尤特精绝。以其声微而志远而不堪授人，以陈祯明三年，授宜都王叔明。隋开皇十年，于丹阳县卒，时年九十七。无子传之，其声遂简耳。

此四曲也较多地被引用在诗词中，如：

听弹风入松阕赠杨补阙

〔唐〕王昌龄

商风入我弦，夜竹深有露。弦悲与林寂，清景不可度。

寥落幽居心，飕飗青松树。松风吹草白，溪水寒日暮。

声意去复还，九变待一顾。空山多雨雪，独立君始悟。

听弹琴

〔唐〕刘长卿

泠泠七弦上，静听松风寒。

古调虽自爱，今人多不弹。

琴

〔唐〕隐 峦

七条丝上寄深意，洞水松风生十指。

自乃知音犹尚稀，欲教更入何人耳。

听真上人琴歌

〔宋〕范仲淹

银潢耿耿霜棱棱，西轩月色寒如冰。上人一叩朱丝绳，万籁不起秋光凝。
伏牺归天忽千古，我闻遗音泪如雨。嗟嗟不及郑卫儿，北里南邻竞歌舞。
竞歌舞，何时休，师襄堂上心悠悠。击浮金，戛鸣玉，老龙秋啼沧海底，
幼猿暮啸寒山曲。陇头瑟瑟咽流泉，洞庭萧萧落寒木。此声感物何太灵，
十二衔珠下仙鹄。为予再奏南风诗，神人和畅舜无为。为予试弹广陵散，
鬼物悲哀晋方乱。乃知圣人情虑深，将治四海先治琴。兴亡哀乐不我遁，
坐中可见天下心。感公遗我正始音，何以报之千黄金。

夜听黄仲玄弹广陵散

〔宋〕徐 照

月色照君琴，移床出木阴。数声广陵水，一片古人心。

投剑功无补，冲冠怒亦深。纵能清客耳，还是乱时音。

张山人弹琴

〔唐〕常 建

君去芳草绿，西峰弹玉琴。岂惟丘中赏，兼得清烦襟。

朝从山口还，出岭闻清音。了然云霞气，照见天地心。

玄鹤下澄空，翩翩舞松林。改弦扣商声，又听飞龙吟。

稍觉此身妄，渐知仙事深。其将炼金鼎，永矣投吾簪。

141

听幽兰

〔唐〕白居易

琴中古曲是幽兰，为我殷勤更弄看。

欲得身心俱静好，自弹不及听人弹。

听赵秀才弹琴

〔唐〕韦　庄

满匣冰泉咽又鸣，玉音闲澹入神清。巫山夜雨弦中起，湘水清波指下生。

蜂簇野花吟细韵，蝉移高柳迸残声。不须更奏幽兰曲，卓氏门前月正明。

六、《三峡流泉》《石泉引》《石上流泉》《幽涧泉》

《三峡流泉》是流行于唐代的一首琴曲，据《乐府诗集》引《琴集》说是阮咸所作。唐代女诗人李季兰写过《三峡流泉歌》，生动地描绘了它的音乐表现："妾家本住巫山云，巫山流水常自闻。玉琴弹出转寥夐，直似当时梦中听。三峡迢迢几千里，一时流入深闺里。巨石奔湍指下生，飞波走浪弦中起。初疑喷涌含雷风，又似呜咽流不通。回湍曲濑势将尽，时复滴沥平沙中。忆昔阮公为此曲，能使仲容听不足。一弹既罢复一弹，愿似流泉镇相续。"唐代琴待诏薛易简善弹此曲。

白居易的《和顺之琴者》一诗中描述了《石泉引》和《风入松》两首琴曲。唐方干《听段处士弹琴》中的"泉迸幽音离石底"，可能意指《石上流泉》，宋僧居月《琴曲谱录》说上古琴弄有《石上流泉操》。清人厉鹗有诗作《西爽阁听施炼师弹石上流泉》。《西麓堂琴统》说此曲为伯牙所作，或许是因为其寓情山水，结盟泉石，恍若悬崖寒溜，跳珠瀑布，夺人心目，有天地同流之妙。据《杏庄太音续谱》，昔人采药入山，忽闻琴声，此人穿松林出溪口，初微渐甚，行里许，见飞泉淙淙然石上流出，遂徘徊竟日不去，乃为此曲。

《幽涧泉》古曲调名，乐府山水二十四曲之一，入琴曲歌辞。

此四曲也较多地被引用在诗词中，如：

秋夕听罗山人弹三峡流泉

〔唐〕岑 参

皤皤岷山老，抱琴鬓苍然。衫袖拂玉徽，为弹三峡泉。

此曲弹未半，高堂如空山。石林何飕飗，忽在窗户间。

绕指弄呜咽，青丝激潺湲。演漾怨楚云，虚徐韵秋烟。

疑兼阳台雨，似杂巫山猿。幽引鬼神听，净令耳目便。

楚客肠欲断，湘妃泪斑斑。谁裁青桐枝，绁以朱丝弦。

能含古人曲，递与今人传。知音难再逢，惜君方老年。

曲终月已落，惆怅东斋眠。

和顺之琴者

〔唐〕白居易

阴阴花院月，耿耿兰房烛。中有弄琴人，声貌俱如玉。

清泠石泉引，雅澹风松曲。遂使君子心，不爱凡丝竹。

听段处士弹琴

〔唐〕方 干

几年调弄七条丝，元化分功十指知。泉迸幽音离石底，松含细韵在霜枝。

窗中顾兔初圆夜，竹上寒蝉尽散时。惟有此时心更静，声声可作后人师。

幽涧泉

〔唐〕李　白

拂彼白石，弹吾素琴。幽涧愀兮流泉深，善手明徽高张清。

心寂历似千古，松飕飗兮万寻。中见愁猿吊影而危处兮，叫秋木而长吟。

客有哀时失职而听者，泪淋浪以沾襟。乃缉商缀羽，潺湲成音。

吾但写声发情于妙指，殊不知此曲之古今。幽涧泉，鸣深林。

七、《仙翁引》《思归引》《秋思》

"引"，和"操""弄""畅"等都是常见的古琴曲名。据《乐府诗集》引谢希逸的《琴论》，古琴曲有五曲、九引、十二操。《仙翁引》，琴曲名，和后世《仙翁操》非同一曲。现今流行的《仙翁操》见于《文会堂琴谱》等，因"仙翁仙翁，得道仙翁"唱词而得名，曲中仙翁指北宋著名的道家学者陈抟。

《思归引》，相传是周代的琴曲。据《乐府诗集》，此曲为卫女所作也："卫有贤女，邵王闻其贤而请聘之，未至而王薨。太子曰：'吾闻齐桓公得卫姬而霸，今卫女贤，欲留之。'大夫曰：'不可。若贤必不我听，若听必不贤，不可取也。'太子遂留之，果不听。拘于深宫，思归不得，遂援琴而作歌，曲终，缢而死。"

《秋思》，按《琴史》，为汉蔡邕所作。其音凄切清婉，赋景写怀，若有不胜感恻者。

此三曲也较多地被引用在诗词中，如：

听琴

〔唐〕王　建

无事此身离白云，松风溪水不曾闻。

至心听著仙翁引，今看青山围绕君。

闻道士弹思归引

〔唐〕刘禹锡

仙公一奏思归引，逐客初闻自泫然。

莫怪殷勤悲此曲，越声长苦已三年。

听德久弹秋思

〔宋〕许及之

潘郎胸次有经纶，指下声如笔下真。

已是不禁秋意思，更弹秋思苦撩人。

八、《履霜操》《水仙操》《文王操》《平戎操》

据谢希逸《琴论》，忧愁而作，命之曰操，言穷则独善其身而不失其操也。

据汉蔡邕《琴操》，《履霜操》者，尹吉甫之子伯奇所作也。伯奇无罪，为后母谗而见逐，乃集芰荷而衣之，采楟花而食之。晨朝履霜，自伤无罪见逐，乃援琴鼓而作此操。曲终，投河而死。北宋范仲淹外号范履霜，其由来见陆游《老学庵笔记》："范文正公酷好弹琴，惟有一曲《履霜》，时人故号范履霜。"

《琴操》认为《水仙操》为伯牙所作。伯牙学琴于成连先生，先生说："我能传曲，而不能移情。我的老师方子春善弹琴，能移人之情，今在东海上。"伯牙遂与成连先生至海上，见了方子春并学师于他。据唐吴兢《乐府古题要解》，《水仙操》为伯牙所作。旧说伯牙学鼓琴于成连先生，三年而成，至于精神寂寞，情志专一，尚未能也。成连云："吾师子春在海中，能移人情。"乃与伯牙至蓬莱山，留伯牙曰："吾将迎吾师。"成连刺船而去，旬时不返。伯牙延

145

望无人，但闻海水汩没漰澌之声，山林窅冥，群鸟悲号，便怆然叹曰："先生将移我情！"乃援琴而歌之。曲终，成连刺船而还，伯牙遂为天下妙手。

《文王操》，曲名见于汉桓谭《新论》。文王之时，纣无道，文王躬被法度，阴行仁义，援琴作操。另，汉《琴操》记载与文王相关的琴曲有《拘幽操》《文王受命》《文王思士》三曲。《拘幽操》，文王拘于羑里而作也。《文王受命》，谓文王受天命而王。《文王思士》者，文王之所作也。文王得贤士而悦喜，乃援琴而鼓之，自叙思士之意。

《平戎操》见于宋僧居月《琴曲谱录》。

此四曲也较多地被引用在诗词中，如：

听 琴

〔宋〕陆 游

疏帘曲槛苹风凉，细腰美人藕丝裳。绿藤水文穿矮床，玉指纤纤弹履霜。
高林莺啭日正长，幽涧泉鸣夜未央。哀思不怨和而庄，有齐淑女礼自防。
世人但惑青楼倡，琵琶箜篌杂胡羌。试听一曲醒汝狂，文姬指法传中郎。

舟中听大人弹琴

〔宋〕苏 轼

弹琴江浦夜漏永，敛衽窃听独激昂。《风松》《瀑布》已清绝，更爱《玉佩》声琅珰。
自从郑卫乱雅乐，古器残缺世已忘。千家寥落独琴在，有如老仙不死阅兴亡。
世人不容独反古，强以新曲求铿锵。微音淡弄忽变转，数声浮脆如笙簧。
无情枯木今尚尔，何况古意堕渺茫。江空月出人响绝，夜阑更请弹《文王》。

听平戎操

〔宋〕欧阳修

西戎负固稽天诛，勇夫战死智士谟。上人知白何为者，年少力壮逃浮屠。

自言平戎有古操，抱琴欲进为我娱。我材不足置廊庙，力弱又不堪戈殳。

遭时有事独无用，偷安饱食与汝俱。尔知平戎竟何事，自古无不由吾儒。

周宣六月伐猃狁，汉武五道征匈奴。方叔召虎乃真将，卫青去病诚区区。

建功立业当盛日，后世称咏于诗书。平生又欲慕贾谊，长缨直请系单于。

当衢理检四面启，有策不献空踟蹰。惭君为我奏此曲，听之空使壮士吁。

推琴置酒恍若失，谁谓子琴能起予。

九、《离骚》《桃源春晓》《醉翁吟》

《离骚》《桃源春晓》《醉翁吟》三曲都是依托著名的诗文主题而创作的。

《离骚》原是屈原的代表作，晚唐时期陈康士撰《离骚》九拍，该曲至明代之前已演变为十八拍和十一拍。明清的传谱有数十种，可见其在当时受欢迎的程度，其中以《离骚操》命名的见于《伯牙心法》《琴谱合璧》《乐仙琴谱》等。后拓展开来的与屈原相关的主题琴曲有《泽畔吟》《屈原叹》《屈原问渡》《吊屈原》《屈子天问》《搔首问天》等。

乐曲《桃源春晓》取材自东晋诗人陶渊明的名作《桃花源记》，收录于《西麓堂琴统》，描绘了想象中的世外桃源春日清晨之宁静亲切的动态画面。

太常博士沈遵读了欧阳修的《醉翁亭记》后，作《醉翁吟》一调。欧阳修听完此曲，感动之下，又创作了《赠沈遵》一诗，认为琴曲表达了自己的心意。多年后，沈遵的琴友崔闲常恨此曲无词，乃谱其声，请于东坡先生。由上可知，沈遵的《醉翁吟》和崔闲、苏东坡合作创作的《醉翁吟》同名不同曲。大概可知，前者是器乐曲，后者是琴歌。琴歌版《醉翁吟》收录于《风宣玄品》《东皋琴谱》等。

此三曲也较多地被引用在诗词中，如：

江上弹琴

〔宋〕欧阳修

江水深无声，江云夜不明。抱琴舟上弹，栖鸟林中惊。

游鱼为跳跃，山风助清泠。境寂听愈真，弦舒心已平。

用兹有道器，寄此无景情。经纬文章合，谐和雌雄鸣。

飒飒骤风雨，隆隆隐雷霆。无射变凛冽，黄钟催发生。

咏歌文王雅，怨刺离骚经。二典意澹薄，三盘语丁宁。

琴声虽可状，琴意谁可听。

听曹道士弹琴

〔宋〕谢 薖

淡泊丝弦谁与听，试开尘匣写幽情。

琴中自有无穷怨，弹出离骚意外声。

和刘美中尚书听宝月弹桃源春晓

〔宋〕王庭珪

何年凿源开混茫，桃花两岸吹红香。烟消远浦生微阳，渔舟误行溪水长。

溪回岸转山隙光，疑有绛阙仙人房。居民争出罗酒浆，花间笑语音琅琅。

抱琴释子眉发苍，响泉韵磬鸣长廊。能弹往事悲孟尝，昔时台沼今耕桑。

又如勇士赴敌场，坐令游子思故乡。清猿抱木号鸿荒，孤吟划见丹凤翔。

曲终待月西南厢，重调十指初不忙。如见古画秦衣裳，春天百鸟争颉颃。

桃源归来今已忘，弹到落花空断肠。

赠沈遵

〔宋〕欧阳修

群动夜息浮云阴，沈夫子弹醉翁吟。醉翁吟，以我名，我初闻之喜且惊。

宫声三叠何泠泠，酒行暂止四坐倾。有如风轻日暖好鸟语，夜静山响春泉鸣。坐思千岩万壑醉眠处，写君三尺膝上横。沈夫子，恨君不为醉翁客，不见翁醉山间亭。翁欢不待丝与竹，把酒终日听泉声。有时醉倒枕溪石，青山白云为枕屏。花间百鸟唤不觉，日落山风吹自醒。我时四十犹强力，自号醉翁聊戏客。尔来忧患十年间，鬓发未老嗟先白。滁人思我虽未忘，见我今应不能识。沈夫子，爱君一樽复一琴，万事不可干其心。自非曾是醉翁客，莫向俗耳求知音。

醉翁吟·琅然清圆

〔宋〕苏　轼

琅然清圆谁弹？响空山，无言，惟有醉翁知其天。月明风露娟娟，人未眠，荷蒉过山前，曰："有心也哉，此弦！"醉翁啸咏，声和流泉；醉翁去后，空有朝吟夜怨。山有时而童巅，水有时而回渊。思翁无岁年，翁今为飞仙。此意在人间，试听徽外三两弦。

洛社老僧听琴

〔宋〕楼　钥

自言几载不闻琴，屡听清弹苦契心。

少待庭柯蝉噪静，为师更作醉翁吟。

大音希声——诗词里的琴韵美学

美学，在西方是一门学科，研究人与世界的审美关系。其概念最早由德国哲学家亚历山大·戈特利布·鲍姆嘉通提出。清末民初，以王国维为代表的中国学者将西方的美学思想方法和学科体系引入中国，标志着美学在中国的确立。后宗白华、李泽厚等美学家延续王国维的方向，从美学的观念来重新解读中国艺术，探讨中国美学的独特性。当代美学家朱良志认为，西方美学关注的是审美经验、感性、感情、快感等，中国的美学则重在超越感性，寻求生命的感悟。其在《中国美学十五讲》中提出，在中国美学中，人们感兴趣的不是外在美的知识，也不是经由外在对象审美所产生的心理现实，它所重视的是返归内心，由对知识的荡涤进而体验万物，通于天地，融自我和万物于一体，从而获得灵魂的适意。中国美学是一种生命安顿之学。本节我们从琴诗中一窥古人对琴艺美学的认知，由此来理解传统琴乐的审美意象。

一、弦外之意

在中国的艺术美学中，有两个世界，一个是有形的显性世界，一个是无形的隐性世界。音乐的音准、节奏、旋律表达都是耳朵能捕捉到的有形的音声；另一个则是不可听到的弦外之意，其至高的境界被老子称为"大音希声"。弦外之意是音乐的灵魂，是超越了有形音声的存在，所以诗人说"不在指边与弦边"，"仿佛弦指外"，其中"指"代表的是指法层面上的技术美，纯技术的演示只能是程序的完成，缺乏对曲意的理解则会导致音乐有音无意。知声而不知音，弹琴而不知意，此乃古琴之膏肓也。宋代诗人周端臣指出，弦外之意在心不在指，强调了弹奏时心绪的状态要进入乐曲的内里，深入理解乐曲的主题，分析乐句，精微到每一个音的轻重疾徐处理，而后专注于音乐，心手相合，浑然一体。如此，便如清人庞垲诗中所写，"曲终而指歇，音响仍未停"。这是音乐超越了技术美的范畴，音声入心，余音绕梁了。此外，王昌龄点出了琴之朴素传幽真的音乐特点。朴素即专一纯粹，是天下至纯至精、至简至美之道。《庄子·天道》曰："静而圣，动而王，无为也而尊，朴素而天下莫能与之争美。"无为而自然、朴素而虚静是大音的特点。过于华丽的旋律通常会充满琐碎的细节和炫目的技巧，音乐因此会被局限在表象上而丧失深度空间，而简单朴素的乐曲则意蕴悠长，让人玩味再三。

古人的诗词中多有反映弦外之意的，如：

琴

〔唐〕王昌龄

孤桐秘虚鸣，朴素传幽真。

仿佛弦指外，遂见初古人。

意远风雪苦，时来江山春。

高宴未终曲，谁能辨经纶。

赠万松老人琴谱诗一首

〔元〕耶律楚材

良夜沉沉人未眠，桐君横膝叩朱弦。千山皓月和烟静，一曲悲风对谱传。

故纸且教遮具眼，声尘何碍污幽禅。元来底许真消息，不在弦边与指边。

听寓上人弹琴

〔清〕庞　垲

肃肃日初出，鸟雀寂不鸣。上人理真性，拂弦奏古声。声古神亦穆，冷冷发孤清。乍疑千万山，逼向户牖生。又如秋月下，徐闻溪水行。冥激有殊致，历落难强名。座客斋所向，恬澹以为情。曲终而指歇，音响仍未停。

二、物我两忘

庄子《齐物论》中有一则庄周梦蝶的故事：在睡梦中他发觉自己变成了一只蝴蝶，蝴蝶在空中翩翩起舞，快乐地忘了自己本来的样子，也忘了自己是庄周变化而成的。梦醒后，庄子看看自己，又想想梦境，一时有点迷惘。不知周之梦为蝴蝶，蝴蝶之梦为周。周与蝴蝶，必有分矣。此之谓物化。这则故事引出了"物化"的美学概念。物化，是指会通物我的纯粹体验境界。我与物合而为一，超越了物我的界限，人与自然万物融为一体，这就是庄子言说的"天地与我并生，而万物与我为一"。在音乐演奏上，"人琴合一"经常被用来形容演奏者技艺的至高境界，即指人琴不分，互相融合，也就是达到了物我两忘、天人合一的境界。元代倪瓒曾以弦手两忘来描述弹奏者的高超艺术。宋代黄庭坚的"两忘琴意与己意，乃似不著十指弹"更是精妙地点出人琴合一，与天地会通后，其音乐也似脱胎换骨般的不同寻常。那么，如何达到物我两忘的境界呢？明代琴人杨表正痴心于琴学，苦志究心多年，自叙"方得乐随道化，趣从乐生，殆不知琴之为我，我之为琴也"。琴道不虚。

古人的诗词中多有反映琴学之物我两忘境界的，如：

上裴大夫二首（其二）

〔唐〕贯　休

我有白云琴，朴斫天地精。

俚耳不使闻，虑同众乐听。

指指法仙法，声声圣人声。

一弹四时和，再弹中古清。

庭前梧桐枝，飒飒南风生。

还希师旷怀，见我心不轻。

听　琴

〔宋〕邵　雍

琴宜入夜听，别起一般清。

才觉哀猿绝，还闻离凤鸣。

青山无限好，白发不须惊。

会取坐忘意，方知太古情。

听崇德君鼓琴

〔宋〕黄庭坚

月明江静寂寥中，大家敛衽抚孤桐。古人已矣古乐在，仿佛雅颂之遗风。妙手不易得，善听良独难。犹如优昙华，时一出世间。两忘琴意与己意，乃似不著十指弹。禅心默默三渊静，幽谷清风淡相应。丝声谁道不如竹，我已忘言得真性。罢琴窗外月沉江，万籁俱空七弦定。

三、妙悟自然

我们先来看两首有关琴的诗：

水仙操

〔唐〕李咸用

大波相拍流水鸣，蓬山鸟兽多奇形。琴心不喜亦不惊，安弦缓爪何泠泠。
水仙缥缈来相迎，伯牙从此留嘉名。峄阳散木虚且轻，重华斧下知其声。
麋丝相纠成凄清，调和引得薰风生。指底先王长养情，曲终天下称太平。
后人好事传其曲，有时声足意不足。始峨峨兮复洋洋，但见山青兼水绿。
成连入海移人情，岂是本来无嗜欲。琴兮琴兮在自然，不在徽金将轸玉。

弹琴杂诗（其二）

〔清〕张　梁

束发好鼓琴，自谓甚易工。初得一声似，旷若意已通。学之既十年，兹理
弥无穷。吾未忘吾手，焉令诸有空。乳泉滴幽洞，箐木含远风。至音非可求，
只在天然中。

"声足意不足"，"吾未忘吾手"，这是未能达到希声的两个不足。由诗中的
描述可知琴师的技艺其实已经非常高超了。比如声足，意味着音乐的声音表达
得淋漓尽致了，而《弹琴杂诗（其二）》中的琴师境界更高，通过十年的学习，
不仅有声也有意，但是离希声还有距离，那就是还未达到心手相合、人琴合一
的境界。这两首诗的最后，分别认为"琴兮琴兮在自然，不在徽金将轸玉"和
"至音非可求，只在天然中"，这里体现了道家对于音乐的自然观。自然，即天

然，非人为，不经人力干预，不勉强，不局促，不做作，不拘束。合道的音乐的显著特点就是自然。如何合乎自然之理？那就是要精神专一，执守着虚静无为之道永不改变，使之与精神合为一体。由上我们大概能提炼出"自然"之法就是心无旁骛，精神内守，顺势而为。

我们需要时刻从经典文本里参悟自然的真意。只有在理上明了"自然"的真意，才能在琴上真正践行自然之道。我们需要意识到可能存在的"假自然"状况。其一，想怎么弹琴就怎么弹琴，不讲究指法、节奏、气息等音乐规律，其结果只能是制造混乱。其二，顺着自己原有的习气或者惯性。弹琴者本人比较难以认识到这种情况，这往往因为他/她在自学或者开指的时候没有得到正确的指导，养成了坏习惯。虽然其本人自认为弹得很"自然"，但是其本质上违背了顺势而为的自然之道，所以与真正的琴道也会南辕北辙。其三，过度表现。受现代西方音乐的影响，为了让音乐呈现出与众不同的表现力，有些琴师在弹奏时会夸张地表达，虽然音乐亦是连贯的，甚至能悦人耳目，但也是属于非自然的。李挚在其《焚书·读律浅说》中写道："然则所谓自然者，非有意为自然而遂以为自然也。若有意为自然，则与矫强何异？故自然之道未易言也。"真正理解自然之道，需要良师益友的指导，需要不断地阅读经典文本，更重要的是能够自我反思自我完善，如此，才能时刻走在自然之道上。

四、至音希声

我们先来看一些反映至音希声的诗词，如：

疏　影

〔宋〕赵　文

寒泉灭雪，有环佩隐隐，飞度霜月。易水风寒，壮士悲歌，关山万里离别。

杨花浩荡晴空转，又化作、云鸿霜鹘。耿石壕，夜久无言寂历，如闻
幽咽。

云谷山人老矣，江空又岁晚，相对愁绝。玉立长身，自是胎仙，舞我黄庭
三叠。

人间只惯丁当字，妙处在、一声清拙。待明朝、试拂菱花，老我一簪
华发。

听尹炼师弹琴

〔唐〕吴　筠

至乐本太一，幽琴和乾坤。郑声久乱雅，此道稀能尊。

吾见尹仙翁，伯牙今复存。众人乘其流，夫子达其源。

在山峻峰峙，在水洪涛奔。都忘迩城阙，但觉清心魂。

代乏识微者，幽音谁与论。

听赵碧澜操琴

〔宋〕顾　逢

弹来三尺桐，知用几年功。

听到希声处，凉生不语中。

断霞明似日，急雨过如风。

曲罢炉香在，还思敏仲翁。

宋代词人赵文听道士弹琴，道士说：“弹琴须带拙声。若太巧，则与筝阮
无异。”这里体现了中国美学“大巧若拙”的思想。巧是技巧，大巧是对巧的
超越，故大巧不巧，大巧若拙。拙，是笨拙、不灵活、质朴无华的意思，这里
隐含了刻意的行为与道背离之义，强调了自然天成、朴素无华的审美思想。这

样的"拙音"即素朴之音，一如弦外之意，需要以心去遇。守拙，即守住质朴之心，返璞归真，回归自然本心。故古人云"抱朴守拙"。拙音之美在《溪山琴况》之古况中有所体现。古况云："琴有正声。"古况部分还解释了时调的特点：声音繁促，速度通常快，虽然旋律悦耳，却失雅正，类郑卫之声。古调的音乐速度通常较缓，旋律平和淡泊，但听之让人心领神会，速度快慢不是决定性的判断标准，重要的是远离时俗。清张梁所言"我琴不悦耳，能作淡泊音。本非求人知，我自写我心"便是拙音的写照。由此，我们可以提炼出拙音的特点：不争技巧，不媚俗，音乐平淡舒缓，音质宽裕温厚，妙在入心。

拙音也是希声的特点。《溪山琴况》之迟况描述了什么是希声——具有太和之气，能涵养性情。那么如何才能弹出希声呢？希声的前提是对于心气精神的要求。心气庄重澄净不散乱，精神舒缓松弛而旷达，而后在弦上从容自如地游走，其音如太虚般空阔，如远古般深邃，这是希声的开始。旋律进展时，按照曲中气候来调节快慢速度，心神则悠然不止。最忌指一入弦，就匆匆忙忙连弹不停，等到要放慢速度时，却已经索然无味，希声也就荡然无存了。

但是希声与旋律的快慢或音乐风格无关。耶律楚材初学琴于琴待诏弭大用，其琴风闲雅平淡，如奏清庙乐，威仪自穆穆，后学琴于苗秀实、苗兰父子，其二人琴风如蜀声之峻急，节奏变神速，虽繁而不乱，欲断还能续。《溪山琴况》曰："深于气候，则迟速俱得，不迟不速亦得。"所以快慢节奏风格都是表象，气候是根本。在乐曲演奏中，气是乐曲的生命律动，是乐曲内在的节奏和规律，候，是指能感知到乐曲的律动，对于其气口和速度都能恰到好处地把握和表达，这样的演奏就能让音乐鲜活生动，富有生命力。

耶律楚材在《弹〈广陵散〉终日而成因赋诗五十韵并序》中，对比了两位琴师对于气候的把握能力。序中写道："泰和间，待诏张器之亦弹此曲，每至《沉思》《峻迹》二篇，缓弹之，节奏支离，未尽其善。独栖岩老人混而为一，士大夫服其精妙。"耶律楚材自述"我今会为一""旦夕饱纯音"，可知他的琴艺也几近希声了。

五、养心为要

我们先来欣赏两首反映以琴养心的古诗词：

听詹温之弹琴歌

〔宋〕刘子翚

鸣琴艺精非小道，可惜温之今已老。玲琅一鼓万象春，铁面霜鬈不枯槁。

自言寡知音，求我为作歌。号宫韵角可听不可状，锦肠绣舌空吟哦。

吾意其一气之浊清，两曜之晦明，山河之结融，雷霆风雨之震惊。

包罗具七弦，开阖造化由人心。又疑夫尧禹之躬行，丘轲之立言，

瞿聃之同归，百家诸子之纷然，更历千万古，此意不灭丝桐间。

涤除浮虑清，荡摩愁襟开。琴之气象广莫有如此，欲媚俗耳知难哉。

寒釭烧涸夜向阑，罢琴归矣我欲眠。梦跨冰轮出瑶海，一笑碌碌瀛洲仙。

咏丝桐

〔宋〕阳 枋

地阔天宽人一般，琴心会得语言难。

高山流水知音少，月白风清时自弹。

琴道有什么？从一首乐曲的演奏来看，似乎也没多弹一个音。琴道是超越了有形层面的形而上的存在。它是一种格局，一种气象，一个生命体验的世界，在精微中显大乾坤，在音声中感悟生命。好听悦耳是音乐的自然属性，此外，它能"涤除浮虑清，荡摩愁襟开"，起到精神慰藉作用，它还能打开地阔天宽的广阔空间，将人从小的知性世界里解放出来，让心灵超越束缚，达到自

由的状态。琴道，是一门"养心术"，开启生命的灵牖，让心灵重浴光明。弹琴养心，心正琴声正，妙音自然天成。如何养心？按《与古斋琴谱》，需先除浮暴粗厉之气，得和平淡静之性，渐化恶陋，开愚蒙，发智睿，领会其中的喜乐悲愤之情，而得其中趣味。

第七章

人文视域下琴茶艺术的审美共通性研究

中国的传统艺术之间有着广泛的审美共性。唐孝祥从客体审美属性、主体审美愉悦和审美心理过程三个层面比较分析了建筑艺术与音乐艺术、书法艺术之间的审美共性。汤朝晖分析归纳了中国传统建筑与篆刻艺术之间共同的文化根源和审美共性。古琴与茶道也是中华优秀传统文化中不可忽视的两大艺术。人文视域下的琴茶艺术因为文化背景的相似性而具有了共通性。比如，琴茶艺术在人文视域下都属于雅文化，都是文人雅士精神生活的一部分，历代有不少"琴茶一味"的诗词留存，如唐代白居易的《琴茶》、元代耶律楚材的《夜坐弹离骚》等。除了诗词，书画作品中也常见琴茶同在一个画面，如唐代周昉画《调琴啜茗图》、明代陈洪绶《停琴品茗图》等。琴或茶文化的单项主题研究很多，如李妮莱的《古琴音乐的艺术特征与传承保护》、苏霞的《中国传统文化中的"茶"与"道"探寻》等。然而学术上关于古琴艺术和茶道艺术的共性研究很少。马守仁曾对琴道和茶道共同拥有的特征"韵"，从历代琴茶名家的诗文和绘画作品等角度进行了解读。邓晴南从当代文化学的视角诠释了古代"琴茶一味"的思想。本章从琴茶艺术实践角度提炼出两者存在的审美共通性，并通过分析两种艺术共存的美学思想，来加深对琴茶艺术的理解，这对提升琴茶艺术实践具有一定的指导意义。

下面先欣赏品读几首有关"琴茶一味"的诗：

琴　茶

〔唐〕白居易

兀兀寄形群动内，陶陶任性一生间。

自抛官后春多醉，不读书来老更闲。

琴里知闻唯渌水，茶中故旧是蒙山。

穷通行止长相伴，谁道吾今无往还？

新晴偶出

〔宋〕林景熙

琴床茶鼎澹相依，偶为寻僧出竹扉。

风动松枝山鹊语，雪消菜甲野虫飞。

看花春入枓榔杖，听瀑寒生薜荔衣。

古寺无人云漠漠，溪行唤得小船归。

夜坐弹离骚

〔元〕耶律楚材

一曲离骚一碗茶，个中真味更何加。

香销烛烬穷庐冷，星斗阑干山月斜。

琴茶艺术的人文哲学观

　　琴，是一件乐器，又不仅仅是耳目之娱；茶，是一种饮品，又不仅仅作解渴之用。纵观中国文化发展史，琴茶艺术在古代士大夫阶层中占有重要的地位，是他们精神世界不可或缺的生活艺术，有着深厚的人文积淀。人文是一个动态的概念。通常，人文指的是人类文化中的先进部分和核心部分，即先进的价值观及其规范。简而言之，人文，即重视人的文化。广义上的人文泛指文化；狭义上的人文专指哲学，特别是美学范畴。本章的人文观侧重的是哲学范畴。下文对琴茶艺术的人文性以及理论做一叙述。

一、古琴艺术的人文观

　　古琴，是极具中国人文气质的传统乐器。其一，琴的创始具有人文性。文献记载，伏羲、神农、虞舜、唐尧等中华文明的始祖都与古琴的创制有关。其二，琴的功用具有人文性。春秋战国之后，琴从宫廷飞入民间，琴乐脱离政治教化的功能，开始强调个体修身养性的功能，从而发展成为观照个体内心世界、认识并完善自我的一种途径，于是逐渐形成了以琴载道的功能。随着儒道思想的发展，琴慢慢区别于其他乐器，以君子之器独立存在于士大夫阶层，并成为文人四艺之必修功课之一。其三，古琴艺术体现了儒释道的哲学和美学思想。比如：琴的形制以及散、按、泛三种声音是天人合一理念的显现；浙派古琴艺术"质而不野，文而不史"以及"微妙圆通"的美学思想融合了儒释道三家哲理。《琴声十六法》的作者冷谦是位道士，其琴艺美学兼容了道家的美学思想。其四，古琴的乐器、琴人和琴曲都充满了中国文化的意象以及人文情怀。比如：龙池、凤沼、雁足等琴体结构的命名；十三徽、五音、七弦、三尺六寸五分等数字的设定；以嵇康、陶渊明为代表的魏晋琴人的人文精神等。

二、茶艺的人文观

茶，是极具中国特色的国饮。茶，起源在中国。传说神农尝百草日遇七十二毒得茶而解之。茶被发现后，经历了食用和药用阶段，最后在汉代演变为百姓日用之饮品。汉代以后，茶文化的形成深受儒释道哲学思想的影响。儒家思想渗透到茶文化中始于魏晋南北朝时期，当时士族奢侈之风盛行，于是有清流者提出"以茶养廉"的思想。之后儒家的中庸、和谐等思想成为中国茶文化的核心。到了唐代，陆羽撰《茶经》，茶道大行，王公朝士无不饮者。唐末刘贞亮提出《饮茶十德》，其中以茶表敬意、以茶可行道、以茶可雅志等思想促进了儒家思想和茶的融合。茶道，升华为文人墨客的精神生活，以茶饮的过程作为修身养性之道，通过沏茶、赏茶、闻茶、饮茶等程序学习礼法，美心修德。唐宋禅宗思想的兴盛也深化了茶文化的发展。宋代普济编撰的《五灯会元》论及茶的地方约有 108 处，纵观全书，用 8 个字可以概括："一部五灯，满纸茶香。"除了僧人的禅茶生活，坐禅饮茶也是文人的雅好，在历代文人的诗词中可窥见一斑。如陈著"满啜禅林五味茶"、陈知柔"我来不作声闻想，聊试茶瓯一味禅"等。茶禅一味的思想最终在宋代成形并确立。发展到现代，茶禅文化中和了儒释道三家思想，兼具了儒家的中庸、道家的淡泊、佛家的空寂等理念，形成以敬俭清静等为美学特征的人文艺术。

三、中国艺术的生命哲学观

人超越外在的物质世界，融入宇宙生命世界中，伸展自己的性灵，成为中国哲学关心的中心。所以中国哲学是一种生命哲学。在这样的哲学背景下，中国的艺术美学侧重的是生命超越之学，追求的是身心的安顿。朱良志教授在其《中国艺术的生命精神》一书中指出，万物都秉有生之本性，都有一种生命的活力，具有生生的趣味，艺术与人的精神气象息息相关，其审美境界与人的生命世界相融合一。因此要把人的生命放在艺术世界中去体验并寻求生命的意义，把艺术和人生修养合二为一来提升人的生命境界，这是中国艺术人文精神的共性。人文视域下的传统琴茶艺术，以生命哲学为其理论依据，以身心安顿为其精神追求，在其审美体系中包含了儒释道的境界，以及中庸、和谐、无为等美学思想，下文将对此具体阐述。

第二节

琴茶艺术的审美共通性研究

一、琴茶艺术在美学境界上的共通性

中国艺术注重境界。境界理论可追溯到唐代。王国维先生提出了"以本性所爱成就自己，以本真之美静观人生"的美学三境，区别了有我之境、无我之境以及自然之境三种次第。徐复观教授在《中国艺术精神》一书中认为，中国人在艺术精神上的诸多区别，可概括为孔子和庄子所显出的两个典型：由孔子所显发的艺术精神，是道德与艺术合一的性格；由庄子所显发的"道"的艺术精神，则是彻底的纯艺术精神。徐复观认为庄子追求的"道"，与艺术家所呈现出的最高艺术精神在本质上是相同的。于是，大象无形、无味至味和大音希声等成为琴茶艺术共通的境界追求。

（一）茶汤的美学境界：无味至味

涩、苦、鲜、甜是茶汤滋味的四种主要类型。比如龙井茶汤具有鲜、爽、甘、甜、醇、厚的特点，茶艺师在了解龙井茶叶特性的前提下，选择合适的泡茶用水和器皿，掌握茶量、水温和浸泡时间，用科学合理的冲泡程序沏出一杯色香味俱全的汤水。从艺术的境界来看，这是一杯有我之境的龙井茶汤。那么无我之境的茶汤是什么样的呢？清代诗人陆次云在《湖壖杂记》中有如下描述："龙井茶，真者甘香而不洌，啜之淡然，似乎无味，饮过之后，觉有一种太和之气，弥沦于齿颊之间，此无味之味，乃至味也。"其中呈现了无味至味、大味至淡的美学境界。此处的淡并非寡淡，而是脱离了物质层面的精神境界，如"人淡如菊""恬淡""淡泊以明志"等。明代晚期著名学者吕坤在其《呻吟语》中写道："淡则无欲，无欲之道与神明通。"茶汤入腹，一股暖流瞬间周游全身，让你身心安住在当下，自在愉悦，这样的茶品是合道之茶。把茶叶从植物饮品的层次提升到人文精神境界的，唐有卢仝的《七碗茶诗》，宋有圆悟克勤禅师参悟的"茶禅一味"。

（二）音乐的美学境界：大音希声

希声，并非无声，而是超越了五音的合道之音。所谓音乐，是一种有规律的声波，它的基本要素包括强弱、调性、时长、音色等，演员合理地运用这些基本要素，形成有组织的乐音，即节奏和旋律，用来表达人们的思想情感、反映现实生活。这是有我之境的音乐。如果演员不再刻意地去表达音乐和情感，而是自然无为地心手相合，这样的音乐便进入了无我之境。北宋有位琴僧，法号义海，在越州法华山学琴，昼夜手不释弦，遂穷其妙。弹过琴的人都知道，单论琴艺的技巧是不难的，用功的人三五年差不多就能掌握十级曲目的演奏。义海昼夜不停地练习，他要参透的就不仅仅是技艺，而是音外之妙。义海的音乐可达大音之境界。

二、琴茶艺术在美学思想上的共通性

中国艺术离不开儒释道哲学的滋养。茶，脱离其自然属性，升华为道，是因为茶艺融合了儒释道精神。儒家的廉敬和静、道家的无为清净、佛家的空寂圆通等美学思想，体现在茶道的礼法和动作设计上、茶会主客关系上以及茶道修习的目标上等。琴，成为文人的专属道器，是因为儒家的中庸慎独思想、对理想人格的追求以及道家道法自然、天地同和的美学思想都可以践行在琴乐的修习中。下文将从琴茶艺术在美学思想上的四个共通性进行分析。

（一）琴茶礼法的共通性：中正为本

中正思想亦是中庸思想，是儒家的核心。"中"，即指恰如其分、不偏不倚、不上不下、无过无不及，"正"指"心正、身正、气正"。身心中正方能养浩然之气。中正观是传统艺术审美的共性。因此，无论是弹琴还是行茶，首先都要求坐姿端正。同样地，茶艺师坐姿礼要求立腰挺胸，上身自然挺直，神态从容自如，嘴唇微闭，下颌微收，表情自然平和，双肩平正放松。男士双手分开与肩同宽，半握拳，轻搭于前方桌沿；女士双手虎口相交，右手在上，放置胸前或面前桌沿。作为来宾，男士双手搭于座椅扶手，女士正坐，或双腿并拢侧向一边坐，双手交握搭于腿根坐在椅子上，应至少坐满椅子的三分之二。此外，弹琴或者行茶时，都要求动作中正严谨，无浮夸作秀的痕迹。广陵派第十一代宗师梅曰强先生有《操缦经》留世，其中心静体端、指法严正、稳健起终、走音要准、手不离弦、运动不止的弹琴心法用来指导茶道的行茶过程也丝毫没有违和感。弹奏时，双手配合默契，音要准，又要清晰，节奏鲜明，旋律顺畅，气息自然；同理，行茶时，程序点位明确，动作干净利落，一气呵成，均无多余动作。

（二）道家思想的共通性：顺物自然

顺物自然是无为思想的体现。"无为"由老子在《道德经》中提出，如"是以圣人处无为之事，行不言之教""上德无为无以为""无为而无不为"。后庄子也将无为思想纳入自己的思想体系。"顺物自然"出于《庄子·应帝王》："汝游心于淡，合气于漠，顺物自然而无容私焉，而天下治矣。"《庄子·养生主·庖丁解牛》则生动地描述了顺物自然可以达到的无上境界："方今之时，臣以神遇，而不以目视，官知止而神欲行，依乎天理，批大郤，导大窾，因其固然……"因此，游刃必有余地。无为思想反映在传统艺道的审美上，则强调不要过分人为干预。

以茶道为例。行茶法则有"三不"原则：不勉强行事，不草率行事，不多余行事。"三不"原则要求点茶动作要合乎自然之道。煎茶道一套点茶法有近百个细节动作，历时约 25 分钟。要做到行云流水不着痕迹地行茶，要求点茶人在煮水点茶过程中，心无旁骛，凝神静气，专注于当下，其前提则是要把点茶动作熟练到不假思索，让动作成为身体自然运动的一部分。如果行茶时，手里拿着一个茶杯，眼睛却已经看向下一个茶杯，这样身心不统一，就会导致气息和动作因此缺乏连贯性。茶道修习几十年如一日，反复练习的目的是要训练到心无挂碍地行茶，无为而为，最终达到动作与身体的极度融合，即自然之境。弹琴亦如是。当代琴人李孔元先生认为一首乐曲要弹到有音乐的内里（内核，意境），它的基本门槛"熟"是要熟练到不假思索，心无挂碍，熟练到这个状态的时候，弹琴者的心念才有办法从其旋律指法当中抽离出来，成为自己的音乐想象。一首乐曲要熟练到形成肌肉记忆，旋律才可以行云流水般地在空气中飘荡，完全不受制于弹琴者的肢体和指法。李先生强调曲子必须练到纯熟，心里若还在思考下一个音怎么弹的时候，是无法用心去感知琴音的。如果弹琴者的念头太紧，很刻意地去制造那个氛围或者那个意象，可是他的手不听使唤，他还受制于旋律指法的束缚，是没有办法去呈现音乐的，他只能是被琴弹。弹琴的要处在于自然的运指之道，不可刻意为之。刻意运指是导致旋律不连贯的原因之一。自然的运指之道，意即不要做多余的动作，手顺着琴弦而行，像说话一样娓娓道来。综上所述，从传统琴茶的教习上看，两者无缝相合，都强调了顺物自然的共性，其核心是无为而为的理念。

（三）艺术鉴赏的共通性：以和为美

中国当代著名茶学家庄晚芳先生认为，茶道是一种通过烹茶饮茶对人们进行礼法教育、道德修养的生活礼仪，并提出了"中国茶德"倡议，其内容为"廉、美、和、敬"。起源于中国的日本茶道在本土与宗教、哲学、伦理、美学自然地融为一体，成为日本一门综合性的文化艺术活动。16世纪末，千利休继承吸取了村田珠光等人的茶道精神后，提出"和、敬、清、寂"的茶道精神。同样受到中国茶文化发展的影响，高丽王朝时期，朝鲜半岛茶文化和陶瓷文化逐渐兴盛，饮茶之风遍及全国，茶文化也成为朝鲜半岛传统文化的一部分，并形成了以"和、敬、俭、真"为基本精神的茶礼。显然，这三个地区的茶道精神万变不离一"和"字。"和"指善良之心，和诚待人，彼此尊让，互相认可，更意指天地人三和，宇宙万物的有机统一与和谐之美。"和"的美学思想具化到茶艺本身，便是烹泡之法取心之感通，是水、茶、火、器、人、境的圆融和谐之道。茶人以一套固定的行茶流程反复训练，直到心手相合、随心所欲且不逾矩，达到行云流水般自由洒脱的境界。而茶会的和谐圆满也在于主客间的心意相通。

同样地，古琴美学认为"和为五音之本，无过不及之谓也"。嵇康在《声无哀乐论》中提出了至和之声无所不感。《溪山琴况》把"和"作为琴艺美学第一况，并提出"三和"理论：弦与指和，指与音和，音与意和。此"三和"理论中，弦与指和是最关键的基本功，而后要能分析曲式结构，再运用熟练的技巧去诠释曲子表达的主题思想，这时音乐已经可以令人赏心悦耳了，音与意和是终身的修为。以曲养心，以心养曲，最终趋于人琴合一。

（四）艺术追求的共通性：人格圆满

传统琴茶艺术修习追求的是身心的安顿和人格的圆满。

用同样的茶、水和器皿，不同的人能泡出不一样的味道，茶汤会无声地暴露泡茶人或急躁或随意或静心专注的心性。这就是所谓茶如其人。有一则茶圣陆羽和他师父智积禅师的轶事。相传智积禅师喜茶且善品茶，平时非陆羽煎的茶不喝，当陆羽离开龙盖寺后，智积禅师就不再喝茶了。代宗皇帝喜品茶，招智积禅师入宫，命人煮上等好茶给智积禅师品鉴，但每次老禅师只饮一口便不再喝。后来代宗密召陆羽进宫煮茶，再给智积禅师品尝，结果他一饮而尽，还说："这好像是渐儿煎的茶啊！"宫中茶师煎的茶不会不好喝，禅师却独独欣赏陆羽的茶。这茶汤里显现的不仅是茶汤的味道，还有煎茶人的胸怀和格局。个性平和，茶汤中正；个性急躁，茶汤容易寡淡；心胸狭隘的，原本宽厚的茶汤也会显得局促。所以高明的茶人，品一杯茶，就能大概读出泡茶人的个性信息，同时，悟得此道的茶人也常以茶汤为镜，感知自身的不足，并以泡出圆满的茶汤为追求目标。

琴亦如是。同一支曲子，同一师承，同样的旋律，不同的人演奏会有不一样的表达。除去技巧高下的区别，便是个体心性和人格修养的差别。这就是所谓音如其人。琴界有一套"老八张"的音响资料，名《中国音乐大全·古琴卷》。和现在的录音设备、水平以及琴家演奏技术相比，这套"老八张"也许已经过时了，但是到目前为止，这套资料，尤其以管平湖、吴景略、张子谦等老琴家的音乐为代表，一直为琴人们所深爱。琴人们喜欢的是什么？是生动活泼、生机盎然的琴韵，是音乐背后琴家深厚的人文气质以及人格魅力。管平湖先生的浑朴中正、吴景略先生的清丽飘逸、张子谦先生的质朴洒脱，时至今日，依然是很多琴人难以企及的高度。有则张子谦先生的故事。20世纪30年代中期，古琴家徐立孙先生与张子谦先生交流琴艺。徐先生当面点评张先生"下指不实，调息不匀"。张子谦先生非但不以为忤，反而深受震动，更以此语书写成一副对联"廿载功夫，下指居然还不实；十分火候，调息如何尚未匀"，并挂在墙上以自警。琴坛还流传着张先生为向小他很多岁的姚丙炎先生学《流水》而不小心摔断腿的故事。从某种程度上讲，张老不为名声所累、光明磊落、率真朴实的个性成就了他质朴大气的琴音。

以汤为师，以音为镜，反观自身之不足，方能不断修正提高，修习琴茶艺术的过程就是磨炼心性、完善人格的过程。

综上所述，人文视域下的琴茶艺术根植于儒释道哲学思想的土壤，以生命哲学为其美学理论，以身心安顿为其精神追求，在美学境界和美学思想上都存在着共通性。在美学境界上，琴茶艺术都呈现了从有我之境到无我之境以及自然之境的艺术高度；在美学思想上，琴茶艺术都融汇了儒释道思想，在艺术表现、鉴赏和追求上呈现了中正为本、顺物自然、以和为美以及人格圆满四个审美共通性。其艺术蕴含的生命力在于琴人或茶人对自我心性的觉知和对生命意义的理解，并践行于抚琴或品茶的艺术实践中。大象无形，大音希声，这是中国艺术的至高追求。

古琴音乐欣赏与演奏

第八章

古琴弹奏的姿势和注意事项

《琴诀》指出了学琴之道：坐在琴桌前，对琴要如对长者，须生恭敬心，心正而后音才能雅正。落指弹奏时，更须专注于当下，暂时抛去所有与琴无关的思虑，才不会因为走神而弹错旋律。

《琴诀》还指出，弹琴时眼睛不可以左顾右盼，身体不可以摇头晃脑，不可以为了表现自己的风度、技能，或为引人注目而做各种夸张动作，同时也要避免因为精神过于紧张导致气息紧促、张口瞪目等形态。古琴曾经是中国文人专属的乐器，儒者重视礼乐文化，传承了琴为礼器的功能，因此要求弹琴人礼仪得体，通过琴乐修习来陶冶情操，并最终达到本真的君子境界。

《风宣玄品·鼓琴训论》可以作为我们学琴人开指前的必修课，现择其关于弹奏的注意事项等方面的要点如下：

一是选择合适的弹奏场所，如净室高堂、层楼之上、林石之间、山巅、水湄等地。

二是选择合适的时间，需在二气高明之时，清风明月之夜。

三是演奏者的身心要调整到合适的状态，做到心不外驰，气血和平。

四是演奏者的个人修养要齐备，要人物风韵标格清楚，又要指法好、取声好、胸中要有德、肚里要有墨等。

接下来，我们具体讲讲弹琴前的准备工作。

一、古琴的摆放

弹琴必须先要准备琴桌、琴凳和古琴。配置标准的琴桌琴凳有利于我们端正坐姿。一般情况，琴桌长100—120厘米，宽30—40厘米，高65—68厘米，琴凳的高度与琴桌保持约24厘米比较适宜，但是具体尺寸要因人因地而变动。若无专用琴桌，书桌也可替代，但是因为琴桌要较普通桌子低，所以就要垫高坐凳，使演奏时肘和腕呈平行状。

古琴横放桌上，琴首朝右，琴边靠齐桌子的里面边沿。琴轸放在琴桌右侧外面，距琴桌约3厘米，也有要求间隔5—6厘米的，以方便转动琴轸调音。切忌将琴轸置于琴桌桌面上。此外，琴要放得安稳，一丝不动，我们必须在琴与琴桌接触的岳山下的底部和两雁足处垫上防滑薄垫。讲究的，会效古法，用布或者绸做两个袋子代替防滑垫，袋子长约16.5厘米，宽约8厘米，内装细砂约6成满，使细砂在袋中有流动余地。

二、琴人的坐姿

古琴以坐在凳子上演奏为主，虽然古籍里也有盘腿而坐琴置于膝弹奏的记录，但是从演奏的实际效果看，放在膝盖上演奏不利于发力，这应该只是文人在自然环境中雅集时的休闲弹法。正规的弹奏场合，琴当放置在琴桌上，人坐于琴凳上。前胸距离琴桌约20厘米（约两

拳），身体正中正对四五徽之间，或者鼻对五徽。坐姿须端正，坐在琴凳前约2/3 处，不可坐满。头正，下颌微收，沉肩坠肘，背自然挺直，腰不可过于放松，双脚自然平行分开平放在地上，不要夹膝或者跷二郎腿，小腿基本与地面垂直，双脚也可一前一后（左脚在前、右脚在后），便于力的前后运行。

三、弹奏古琴时的注意事项

初学弹奏时，如果左手没有动作，可以中指尖为支点立于九、十徽之间，或者将左手掌放在琴面靠人身一侧。

两眼要注视左手按弦的位置，右手要养成靠手指触觉拨弦的习惯，切忌左右晃脑。

演奏时头、肩和身躯不要摇动，无论节奏快慢，都要保持气定神闲的姿态。

弹奏时要放松身心，尤其肘腕手指各部肌肉要保持松弛，肌肉过度紧张会影响音乐的自然表达。

古琴弹奏不需要戴假指甲。左手手指用来按弦，无须留指甲。如果留有指甲会碰擦到邻近不弹奏的琴弦，发出杂声，或会影响按弦的角度与力度。右手一般要求留出一点真指甲，右手大、食、中、名四指有条件的可留出长手指肉头 2 毫米（具体要看个人手指头的形状）。如果右手完全没有指甲，则声音较为混沌、发闷。如果右手指甲太长，弹出的声音会太干太燥。古人认为甲肉相半声不枯。

最后我们以古人所谓的"弹琴有十戒"来总结琴人的姿态：

头不可不正，坐不可不端，容不可不肃，足不可不齐，耳不可乱听，目不可邪视，手不可不洁，指不可不坚，调不可不知，曲不可不终。

第二节

安弦与定音

传统琴弦用蚕丝制成，丝弦音质古朴，手感柔和，韵长味厚，苍古圆润。但是使用丝弦弹奏古琴时的音量较小，适合三五好友书斋雅集。为适应音乐厅演奏的需要，古琴弦也进行了改良。20世纪50年代末期，以上海音乐学院戴闯为主的研究人员首创提出了"钢丝缠绕尼龙丝"制弦方案，古琴家们如吴景略、龚一等也逐渐开始参与古琴弦试制和改进。古琴钢弦的设计方案在20世纪60年代初基本定型。张子谦先生在《操缦琐记》里记录了钢弦和丝弦的对比差异，认为，钢弦之优点自多于缺点，确为变化中之奇迹。至其缺点，亦有非属本身而因制作不良所致者，逐步研究，当可改善。一切变化本无止境，苟满足于现状，则阻碍其进步矣，希于变化中再求变化，必至十分完善而后已。

鉴于钢弦的稳定性和音量优点，目前学习者购买的古琴琴弦一般为钢弦，但也有部分传统琴乐爱好者坚持使用丝弦，因为丝弦醇厚细腻的韵味是钢弦无法比拟的，但是丝弦的缺点除了音量小，还有易断，易因天气、温度、湿度等变化而走音等。

一、安弦

将琴倒立在地上（下面垫一垫子或其他柔软的东西），琴首朝下，琴面向左，琴底向右，夹于两膝之间。首先，先安五弦，次六弦，次七弦，这三条弦共同缠于底面的一个雁足；其次，先安一弦，次二弦，次三弦；最后安四弦，这四条弦也共同缠于底面的另一个雁足。

上弦时，将弦穿过绒扣，蝇头扣住绒扣，右手将弦绕过龙龈，往下拉，勒紧弦，左手在空弦上试拨，审听音高，等其音高达到要求后，右手将弦紧贴底面在雁足上缠紧，缠时右手不可放松，一直将弦缠完，不要打结，把弦尾穿过琴弦与琴背贴紧的地方，然后拉紧即可。缠弦的方向，都要从两只雁足之间靠近凤沼的一面向外缠绕。每条弦都必须紧贴琴底。

二、定弦

古琴七根弦上音高的确定，即定弦法，有时称为"调"，有时称为"均"，还可以叫作"弦法""弦式"等。不同的琴曲有不同的定弦法。据查阜西先生《古琴的常识和演奏》，古琴定弦法多达35种，包括正调、慢角调、清商调、慢宫调、蕤宾调、慢商调等。在现存的传统琴曲中，正调用得最多（代表琴曲《高山》《流水》《平沙落雁》《梅花三弄》《渔樵问答》等）。从南宋起，人们都用正调定弦。其他各调的弦音一般都是从正调中转变出来的，常用的还有慢角调（代表琴曲《秋风词》《风雷引》《忆故人》《龙翔操》等）、清商调（代表琴曲《捣衣》《秋鸿》《春山听杜鹃》）、慢宫调（代表琴曲《挟仙游》《获麟操》等）、慢商调（代表琴曲《广陵散》）、蕤宾调（代表琴曲《阳关三叠》《欸乃》

《潇湘水云》等）、黄钟调（代表琴曲《大胡笳》《小胡笳》《胡笳十八拍》《龙朔操》等）以及凄凉调（代表琴曲《离骚》《泽畔吟》《屈原问渡》）。

正调的七根弦，从一弦到七弦，音名近似于 C、D、F、G、A、c、d，唱名是 5612356。一二弦比六七弦音高低八度。古代的相对音名为下徵、下羽、宫、商、角、徵、羽。1＝F，正调，又叫作 F 调。

我们在安弦时先上的是第五弦，其音高标准，据明清两代的琴谱，以不松不紧为度。现在参考国际标准音高 a1＝440 Hz，普遍统一定第五弦音高为相当于西乐的 mi（即 A）音，可用调音器确定五弦散音标准音高 A2（110 Hz）。其后可用泛音调弦法确定其他弦的音高，分别为：五弦调七弦，五弦四徽泛音与七弦五徽泛音等高（七弦，散音标准音高约 146.83 Hz）；七弦调四弦，七弦七徽泛音与四弦五徽泛音等高（四弦，约 98 Hz）；四弦调六弦，四弦四徽泛音与六弦五徽泛音等高（六弦，约 130.81 Hz）；六弦调三弦，六弦七徽泛音与三弦五徽泛音等高（三弦，约 87.31 Hz）；五弦调二弦，五弦七徽泛音与二弦五徽泛音等高（二弦，约 73.42 Hz）；四弦调一弦，四弦七徽泛音与一弦五徽泛音等高（一弦，约 65.41 Hz）。

若上的是丝弦，建议频率 a1＝400 Hz，用调音器确定正调七根弦散音的频率分别为：一弦，59.46 Hz；二弦，66.74 Hz；三弦，79.37 Hz；四弦，89.09 Hz；五弦，100 Hz；六弦，118.92 Hz；七弦，133.48 Hz。

三、转弦换调法

蕤宾调：在正调基础上紧五弦，使五弦五徽与三弦四徽泛音等高。一至七弦音名近似于 C、D、F、G、bB、c、d，唱名是 2356123。在 A1＝440 Hz 的前提下，钢弦琴和丝弦琴的紧五弦频率分别约为 116.54 Hz 和 105.95 Hz。

右手基础指法

技术是支撑艺术的垫石，良好的基本功是演奏好曲子的前提。因此，认真学习，记住指法要点，并勤加练习，持之以恒，最终可以成就一手妙指。《溪山琴况》描写了指法之妙，提出要借助多样的指法使琴音呈现出细微的变化，还肯定了古琴同音异指法的合理性。

学习指法时，可参考历代琴谱中有关指法的文本，尤以明徐上瀛《万峰阁指法秘笈》和现代彭祉卿《桐心阁指法析微》等指法文献为学习蓝本，现择其要点总结如下。

一、抹、勾、打

减字谱：木 勹 丁

这三个指法对应的分别是右手的食指、中指和无名指，都向内入弦。

（一）抹——风惊鹤舞势

1. 明徐上瀛《万峰阁指法秘笈》中论"抹"要点

食指微曲中节，直其末节以入弦，中、名指曲直皆如之。但使中高于食，名又高于中。大指则将候于傍，禁指更欲高而直，方得参差不齐之势，斯为合式也。

五指高下玲珑，飘然若羽，宛如鹤翅之初张，有临风鼓舞之态。

2. 清蒋文勋《二香琴谱》中论"抹"要点

抹定正出，不可斜扫，凡右弹皆忌斜，而抹最易斜，故特表出。

3. 现代彭祉卿《桐心阁指法析微》中论"抹"要点

食指向内弹入一声曰抹，法以肘腕平悬，掌微俯（以下各法皆同）。食指屈其根节，坚其末节，指宜稍深下，使指头着弦，先肉后甲，平正弹入。兼用肘腕之力，则得清劲之音，大指侧侍于旁，抹入则指头落在大指甲尖，以便接用挑出。中名二指伸直稍高出，禁指竖起（凡不用之指，均须伸直，禁指尤宜高竖以助力，各法皆同），则手势得法矣。或以腕掌平覆，食指翘起，向下击之，指出无力，音必不清。

4. 抹的指法要点总结

（1）食指中关节呈自然微微弯曲状，由根关节（近手掌处）发力，手指忌僵直僵硬。

（2）手指尖离甲尖 2—3 毫米，甲肉参半。

（3）手指弹弦时运力方向忌往上走，向下 45° 为宜。

（4）正锋弹弦，不可斜扫。

（二）勾——孤鹜惊秋势

1. 明徐上瀛《万峰阁指法秘笺》中论"勾"要点

中指向内入弦曰勾，勾贵甲肉相半，今人但知左大指欲用甲肉，不知勾亦为然也。勾如纯甲则声出多而浮暴，法以中指尖带肉抵弦，重抵轻出，先肉后甲而得声者，必至中至和也。又须一徽内勾弦则亦得中和之声，亦不可太下而弹致音柔懦不振。语又云弹欲断弦者，固取其下指坚实，不使失于轻浮耳；殊不知过重之病反见杀伐之声，吾故曰重抵轻出，才是坚实之中和也。

中指勾弦，卓立于上，而群指低昂绰约，翩跹欲举，若孤鹜之息于溪头，而恍有惊秋之意也。

2. 清蒋文勋《二香琴谱》中论"勾"要点

中指入弦，甲肉相半，重抵轻出。

3. 现代彭祉卿《桐心阁指法析微》中论"勾"要点

中指向内弹入一声曰勾。法以中指悬直，屈其根节，竖其末节，指落弦上，沈着有力，古所谓重抵轻出是也。亦必中锋深入，先肉后甲，以肘腕之力引之，勾后指头搁在次弦，不必离开。

4. 勾的指法要点总结

（1）右手放松，掌心圆润，手指自然弯曲。如做抹状，中关节微微弯曲，由根关节发力运动。

（2）手指尖离甲尖2—3毫米，甲肉参半，声音中和。

（3）中指搭弦的位置在一徽内，一般在岳山和一徽的中间，音色中和。

（4）中指与弦面的角度不可太低，约60°—90°，中锋运指方向斜向下约45°。

（5）中指弹完，顺势搭在下一根弦上。若继续用勾指，指尖必须重新回到离甲尖2—3毫米处，不可在指腹处下指。

（三）打——螳螂捕蝉势

1. 明徐上瀛《万峰阁指法秘笈》中论"打"要点

名指向内入弦曰打。一二弦散声常用，亦取不轻不重，但若勾声一般无有异也。故打者名指勾弦之署名耳。有友误认打字之义，将名指用力打下，貌甚不雅。

微曲中节，直末节以入弦，轻轻出声，不可刚暴以取乖戾，余令中指高于名指，食指高于中指，大指伏于旁，禁指直如矢，亦自低昂可观。此乃打弦之势，轻而且缓，四指翘然相拱，恰如螳螂捕蝉之状。

2. 现代彭祉卿《桐心阁指法析微》中论"打"要点

名指向内弹入一声曰打。法以名指伸其根节，坚其中末二节，指头着弦，先肉后甲，轻轻打入，重在根节屈伸之力。与抹勾不同，名指柔弱难坚，故须

百炼成钢，方得金石之音，今谱纯
以勾代，盖避难就易也。

3.打的指法要点总结

（1）打的指法可直接参考勾。

（2）取音轻缓，切忌用力打下。

（3）近代打的指法多被勾取代。

综上，抹、勾、打三个指法的
弹奏要点基本一样，但从出音看，
勾较抹、打出音重。而打的单独指
法在明代以后的琴谱中逐渐被勾所
代替。

（四）练习部分

艹 为散音的减字谱：右手弹岳山和一徽中间的弦，左手不着弦，虚点在
九、十徽间。

"抹"练习

𢳛 二 三 四 五 六 七。

"勾"练习

𢭃 二 三 四 五 六 七。

"打"练习

𢭏 二 三 四 五 六 七。

二、挑、剔、摘

挑、剔、摘对应的分别是右手的食指、中指和无名指，都向外出弦。

挑的减字谱：乚

剔的减字谱：勹

摘的减字谱：芮

（一）挑——宾雁衔芦势

1. 明徐上瀛《万峰阁指法秘笈》中论"挑"要点

食指向外出弦曰挑。挑之精义别有秘诠，名曰"悬指"。今人皆傍弦挨抚，音出多浑浊，何可言妙？惟是挑以甲尖，从空悬落于弦中一下而虚灵无碍，始得清健之音也。

食指挑弦势也。食指屈曲中节，大指亦随而曲之，即令指甲抵于食指头中，至挑时则大指用直，而送出食指。如欲收进复挑，大指仍曲以抵定。要之食指力绵，须借大指以助之，故不可相离，又不可大指与食指捏紧，使其挑送不灵也，后指与前势同式。二指屈曲相应，三指舒张若翔，有如北雁来宾，而衔芦以御风也。

2. 清庄臻凤《琴学心声谐谱》中论"挑"要点

挑也，食指出弦，端正挑去，亦以甲尖从空悬落而挑出。

3. 清蒋文勋《二香琴谱》中论"挑"要点

挑必甲尖，从空悬落，法以大指甲尖，抵于食指头肉之中，二指同曲，挑则大指直其节而送之。

4. 现代彭祉卿《桐心阁指法析微》中论"挑"要点

食指向外弹出一声曰挑。法以食指屈其中节、大指尖侧抵食指箕斗（忌两指捏紧），向外挑出，以肘腕之力送出，下指亦稍深，须使甲背着弦，不可单用甲尖。又必中锋，不可斜出，必悬空直下，不可傍弦挨抚，古所谓挑用悬指是也。凡抹挑均宜轻弹，惟必轻而且劲，方能弹出本音；若其轻如摸，则只得弦上浮音，不耐听矣。

5. 当代顾梅羹《琴学备要》中论"挑"要点

食指向徽弹出曰挑。挑法，食指屈曲根、中两节，用大指尖微抵食指头，挑时大指伸直，并微运腕力将食指向前推送，以伸缩灵活为妙。指须从空悬落，挑以甲尖（剔、摘弹出皆同），又要用力不觉，须坚实而不猛厉，才能得清健的音响；若傍弦挨抚，手法失势，就出音柔弱浑浊了。

6. 挑的指法要点总结

（1）右手大指轻傍食指第一关节略下，大指和食指关节各弯曲近 90°，使两指成一圆形，或喻为龙眼。

（2）运指前，食指放松，指尖搭在所弹弦上，入弦点约 2 毫米。

（3）运指时，食指以退为进，离开所弹弦 2 厘米左右的距离，从该弦的后上方从空击落，发力时，大指伸直为助力，推送食指斜向下 45° 击弦。这时候两指成一凤眼。

（4）运指结束，食指立即放松，会自然收缩到两弦之间，而不会抵住前一根弦。

初学时，中指轻轻搭在相邻的第一弦或第二弦上，如挑七弦，中指则搭在六弦或五弦上，可起稳定作用；等熟练时，可搭可不搭。

（二）剔——孤鹜顾群势

1. 明徐上瀛《万峰阁指法秘笈》中论"剔"要点

中指向外出弦曰剔。剔不可太刚，太刚则暴。指又不可太深，太深则浊。不可令指着弦而剔，使其遏住前声。

2. 现代彭祉卿《桐心阁指法析微》中论"剔"要点

中指向外弹出一声曰剔。法以中指屈其中节、坚其末节，甲背着弦，向外剔之，须刚健劲拔。或用剔亦以大指抵送如挑法者，但中指指力本强，无须大指之助也。勾剔较抹挑为重，但不可太猛；若其重如擞，则成杀伐之音矣。指诀云弹欲断弦，须勿误会欲字之意。

3. 当代顾梅羹《琴学备要》中论"剔"要点

中指向徽弹出曰剔。中指微曲中、末二节，甲背着弦，下指不可太深，太深就会滞碍；不可太刚，太刚就会粗暴。指必须悬空落弦，才能得灵动之机；又须正锋弹出，得声才清和浑厚。或剔出抵着前弦，也是指病，务当避免。

4. 剔的指法要点总结

（1）剔通常与勾连用，勾完，中指落在次弦，往上微提，指尖立于弦上，中关节大致弯曲90°，第一关节微前倾，蓄势待发。

（2）弹时以中关节为轴心，平平向前弹出，但不可碰到前弦。平推时，中关节不动，根关节骤然张开，用瞬间的爆发力向前过弦，若向上则声易飘散。

（3）剔音的准备动作在后一根弦上，如剔四弦，则中指须在五弦上向四弦剔出，切不可甲背附在四弦上剔，如此出音才能刚健劲拔，中和有力。然而不可太刚，太刚就会粗暴。

（三）摘——商羊鼓舞势

1. 明徐上瀛《万峰阁指法秘笈》中论"摘"要点

名指向外出弦曰摘。摘多用于滚与轮指。

名指滚弦势也。名指全曲其中节，坚其末节，连声滚去是也。必使筋力，挺定指头，毋许柔软，始得清劲之声耳。

一指独屈而历遍诸弦，有似商羊之一掌，而能鼓舞以行也。

2. 清庄臻凤《琴学心声谐谱》中论"摘"要点

名指出弦必欲伶俐。

3. 现代彭祉卿《桐心阁指法析微》中论"摘"要点

名指向外弹出一声曰摘。法以名指屈其中节、坚其末节，甲背着弦，向外摘出，亦以根节运送，取其音活。古所谓摘必伶俐是也。打摘宜轻弹如抹挑，多用于一二弦，以与擘托相应，弹时先以大指抵住内弦，取势自便。

4. 当代顾梅羹《琴学备要》中论"摘"要点

名指向徽弹出曰摘，名指屈曲中节，<u>竖直末节</u>，用甲背向外出弦，运动也在根节，须要伶俐。名指的末节最难坚劲，必须习练得推摇不动为妙。摘多用于滚、轮的指法里面。

5. 摘的指法要点总结

（1）摘和剔的弹法一样，可参考剔的指法要点。

（2）摘出音不可以太刚。打摘宜轻弹。

指分强弱。食指抹挑、中指勾剔、无名指打摘。勾剔较抹挑为重。打摘宜轻弹如抹挑。勾挑使用的频率较其他指法为高，因此在学习的过程中需要加强练习。打摘的指法到了清代已不常用。打被勾取代，摘多用于滚、轮的指法中。

（四）练习部分

1. "挑"练习（乚）

芑六五四三二勹

2. "勾剔" 练习（𢁕）

𢁕 二 三 四 五 六 七

3. "打摘" 练习（𢄔）

𢄔 二 三 四 五 六 七

4. "抹挑" 练习（𢒈）

𢒈 六 五 四 三 二 𢁕

5. "抹挑勾" 练习（𢒈𢁕）

𢒈 𢁕。 𢒈 𢁕。 𢒈 𢁕。 𢒈 𢁕。 𢒈 𢁕。

6. "勾勾挑" 练习（第二个勾减字谱省略）

𢁕 二 三。 𢁕 三 四。 𢁕 四 五。 𢁕 五 六。
𢁕 六 七。

7. "挑勾" 间弦练习（𢒈𢁕）

𢁕 三。 𢁕 四。 𢁕 五。 𢁕 六。 𢁕 七。 𢁕
七 𢁕。 六 𢁕。 五 𢁕。 四 𢁕。 三 𢁕 三。

三、托、劈、撮

托的减字谱：乇

劈的减字谱：尸

撮的减字谱：早

（一）托劈——风惊鹤舞势

1. 明徐上瀛《万峰阁指法秘笈》中论"托""劈"要点

大指向内入弦曰托，唯托不多用。

大指向外出弦曰劈，大指竖起靠弦而出。与诸指弹声无异。

2. 清庄臻凤《琴学心声谐谱》中论"托""劈"要点

托也，大指入弦向身内弹入。亦有作出弦弹。

劈也，大指出弦向徽外弹出。亦有作入弦弹。

3. 现代彭祉卿《桐心阁指法析微》中论"托""劈"要点

托：大指向外弹出一声曰托。法以虎口张开，大指倒竖，指头着弦，先肉后甲向外直托得声，弹后大指仍伏掌下。

擘也，或曰劈也。大指向内弹入一声曰擘。法以大指伸直，仰卧掌下，弹时急倒竖，虎口放开，甲背着弦，擘入得声，专运根节之力以取之，宜先以中指约住外弦，则更得势，托法亦同。

擘托取音重如勾剔，多用之于六七弦，以与一二弦打摘相应，擘托二法，旧谱有反用之者，盖以一七弦之内为内，一七弦之外为外，指用肉者为入，指用甲者为出故也，然以两字字义论之，则仍从今说为是。

4. 当代顾梅羹《琴学备要》中论"托""劈"要点

肘张、臂平、腕曲、掌俯，大指倒竖，托弦则张开虎口，中、末二节俱直，指头肉面靠弦，使弦从指面经甲尖而出，令有甲肉声。

劈弦则虎口稍开，中、末二节微弯，以指甲背着弦，纯取甲音。其运动都在中节，与腕力并用。食、中、名三指平直，中指中、末二节稍低于食、名二指，禁指伸直，又稍高于名指。各指指缝微开，势如鹤翅初张，竦体孤立，有临风鼓舞之态。

5. 托的指法要点总结

（1）弹前大指搭在琴弦上。通常中指搭在与大指所弹弦相隔三根以上的弦上。如托七弦，中指可搭在第三弦或第二弦。

（2）大指应在中指的左侧，而不是和中指成一条线。

（3）大指的中关节要直，手腕微拱。

（4）弹时以大指的根关节为运动轴心，斜向下弹出，甲肉声，弹完靠在下一根弦上。

6. 劈的指法要点总结

（1）大指竖起，与所弹琴弦呈垂直状，甲背靠弦。中关节微弯曲。

（2）为发力方便，中指搭在与大指所弹弦相隔三根以上的弦上。如托七弦，中指可搭在第三弦或第二弦上。与托同。

（3）斜向上弹出。此为纯甲音。

（4）托后劈。大指在弹完托后靠在下一根弦上，然后弯曲中关节做准备，以中关节为运动轴心向前一根弦弹出。

从古本的指法描述看，元代以前的古谱中的擘、托和现今的擘、托方向正好相反。另外，托劈指法也可能互用，托作劈法，劈作托法。托劈指法多用于第六、七弦。弹擘、托二法时，还要注意控制大指的力度，不可太过，如用力太猛，则成燥烈之声。

（二）撮

右手综合指法。右手同时弹两根弦，分大撮和小撮。

1. 明徐上瀛《万峰阁指法秘笺》中论"撮"要点

挑勾并下两弦同声或勾劈同声俱曰撮。或一按一散或俱按俱散，活用为贵。两声相约而同，勿令参差，亦不可太响，太响则近喧闹。但将两声隐隐和同、至匀至实，则清雅可听。

2. 现代彭祉卿《桐心阁指法析微》中论"撮"要点

撮也，两弦一按一散。或俱按俱散。食中二指悬下作人字形。挑勾并作。同得一声。间弦取双声者用之。出音固不可参差，尤不可偏重，亦不可太喧。惟取隐隐相和为妙。大撮也，撮之隔三四弦者。用挑勾指有不及。故以托勾代之。大中二指开张如八字。悬空直下撮之，犹飞龙之拿云也。

3. 当代顾梅羹《琴学备要》中论"撮"要点

大撮：肘张，臂平，腕曲，掌俯，大指倒竖，中指低俯，各节伸直，与大指撑开作八字形，都用指头肉面各着一弦或七、二弦，或六、一弦，同时托勾齐下，撮得一声。其运动在大、中二指根节之力。食、名二指平直并伸，高于中指。

小撮：肘、臂、腕、掌同大、中指大撮势。食、中二指倒竖，食指屈其根、中二节，直其末节，中指三节均直，与食指作人字形。大指亦倒竖，微曲中、末二节，以甲尖里边抵住食指箕斗中，用食指甲背，中指肉面各着一弦，同时挑勾齐下，撮得一声。其运动在大、食、中三指根节之力。名指伸直微俯而高于中指，名为螳螂捕蝉势。

4. 撮的指法要点总结

撮指同时弹两根弦，分大撮和小撮。无论大撮小撮，须同声相和为妙，切勿参差不齐。故弹奏撮音需注意两点：其一要同时；其二力要均匀，不可一重一轻。

大撮指两弦之间间隔三根或者三根以上，比如，一、六弦，二、七弦，一、五弦，二、六弦，三、七弦等，以勾托完成。撮完手指可靠住琴弦。

小撮指同时弹的两根弦之间相隔一到二根弦，如七、五弦，六、四弦，五、三弦，或者七、四弦，六、三弦，五、二弦，四、一弦等，以挑勾完成。

（三）练习部分

1. 托劈练习

芍 芭 莀。 勹 乇 尾。 勹 乇 尾。 勹 芑 莀。
勹 乇 屄。

2. 大撮练习

芍 芭 菓。 勹 乇 晜。 乇 勹 晜。 芑 勹 晜。
乇 勹 晜。

3. 小撮练习

晜 晶 晜 晜 晜 晜 晜 晶 晜。
菓 晜 晜 晜 晜 晜 晜。

四、右手基础指法综合练习

（一）空弦弦间关系练习

1. 正调定弦

芍 乚 勺 乚 。 𠂉 。 匃 乚 勺 乚 。 𠂉 。
勺 乜 勺 乚 。 𠂉 。 勺 乜 勺 乚 。 𠂉 。
勺 乜 勺 乚 。 𠂉 。 勺 乜 勺 乜 。
勺 乜 匃 乚 。 勺 乜 勺 乜 。 匃 乚 匃 乚 。
勺 乜 匃 乚 。 匃 乚 勺 乚 。 匃 乚 匃 乚 。
勺 乚 乇 。 匹 五 四 三 。 勺 三 四 五 。
六 乚 六 。 勺 。

2. 弦间关系练习

1=F 2/4

龚一

（弦间关系练习曲谱）

3. 练习乐曲《沧海一声笑》

正调定弦

沧 海 一 声 笑。滔 滔 两 岸 潮。浮 沉

随 浪 只 记 今 朝。

苍 生 笑。不 再 寂 寞。豪 情 仍

五六七六屚勹匒。

在　　痴痴笑　笑。

泛音

古琴共有三种音色，分别为散音、泛音和按音。散音法地，泛音法天，按音法人。三种音色象征着天、地、人三合。前几节一直只用右手弹奏散音，从本节开始，学习训练左右手配合弹奏。

泛音的减字谱：<

泛起的减字谱：乇

泛止的减字谱：止

一、泛音的弹奏技法

1. 明徐上瀛《万峰阁指法秘笈》中论"泛音"要点

右弹左指点弦上取音轻清名曰泛音。手法又名蜻蜓点水势。右弹欲重左点欲轻，此其诀也。食指泛音势也。

食指泛音势——蜻蜓点水势：

食指直其节，轻点弦上，大指令微昂，后三指亦俱直，而次第高下，慎勿作并，使无可取势也。食指点弦后，更要提起屈节，则指不板定而得活泼之机矣。大、中、名三指泛音势皆与食指按势同。大指直点弦上，名指则中节微曲，末节用直，轻轻着弦，得声后即将提起。

大名指泛音势——蛱蝶探花势：

大指直点弦上，名指则中节微曲，末节用直，轻轻着弦，得声后即将提起。余三指皆如前式不复赘。大、名二指点弦疾起，高下轻飏，又若蝶翅之探花。

2.清蒋文勋《二香琴谱》中论"泛音"要点

用泛之法，右如弹欲断弦之重，左如蜻蜓点水之轻，靠近岳山而弹，庶得清亮之音。初学觉得左指绽痛，以验右指之重。

3.现代彭祉卿《桐心阁指法析微》中论"泛音"要点

泛也。右手弹弦，左指对徽轻点弦上，得音极清，谓之泛音。泛音精妙绝伦，泠泠然如听仙籁，闻之使人体清心远。其法有二：一则左指离弦一米粒许，弹时弦跃，触指自成泛音。食指连泛数弦时用之。一则弹时指头轻点，一点即起，亦成泛音。大、名二指互泛两徽时用之，前曰"捷翅浮花"，后曰"蜻蜓点水"，取譬确也。泛音法天，有干刚之义，宜弹近岳之位，以得清劲之音。

4.当代顾梅羹《琴学备要》中论"泛音"要点

左大食中名指浮泛势——粉蝶浮花势：

肘微张，臂腕掌均平伸。大指浮泛，则微曲中节，伸直末节，伏于食指之下，虎口前开后合，以右侧近挺骨处浮着弦上，离弦米许，弹弦振跃，触指成音，一触即略提起。余指均须平直，中指略低。食、名二指稍高，三指指尖均微仰起，禁指例直而翘；各指指缝略开。食、中、名指浮泛，则各节均须伸直。其他各指稍高于泛弦之指，指尖微仰。食指以中、末节，中指以箕斗正面，名指以中、末节左侧着弦，取音方法与大指浮泛同。其转动运用，均在腕、指轻稳虚灵之力。太古遗音手势图，左大、食、中、名浮泛的手势，名为

"粉蝶浮花势"。

左大、食、中、名指互泛势——蜻蜓点水势：

肘、臂、腕如前势。掌微侧左而扬。大、食、中三指互泛，均如浮泛之势，但非浮候弦跃，而是从空迎弦落指，轻点即起，又不可突然自高而下，或向上猛举而起。名指用互泛，则微屈中节，以箕斗左侧点着弦上。其转动运用，均在臂、腕轻稳，掌指灵活之力。太古遗音手势图，左大、食、中、名互泛的手势，名为"蜻蜓点水势"。原词曰："会数蜻蜓兮，在水之湄；款款而飞兮，点破涟漪；犹对徽而互兮，类物象之如斯。"

5. 泛音的指法要点总结

泛音有两种弹法，一为"粉蝶浮花"，一为"蜻蜓点水"。"粉蝶浮花"应用于连续几根弦上弹泛音时，左手指对准徽位，离开琴弦约一粒米，右手触弦，使振动的琴弦触及左手指而得泛音。"蜻蜓点水"应用于先后点泛音时，右手弹弦的瞬间，用左手指在徽点轻点相应而得的泛音。具体细节要求如下：

（1）左手要对准徽位，以发出清亮无杂质的泛音为准确位置。

（2）左手要尽可能地低，在徽点上方似碰非碰的位置，方便快速落指，忌从高处打弦。

（3）左手的力度要轻，如蜻蜓点水，如落花飘落，轻如羽毛。

（4）左手手指头轻点徽位，一点即起，反应要果断敏捷，忌手臂起落，忌点后浮在弦上，导致音沉闷。

（5）左手大指触弦点的位置，以大指自然微曲，藏于食指与中指之下，以甲肉参半的位置触弦；食指、中指自然伸直，以指头中间位置触弦，同一徽位多根弦连续泛音时，可以用不同的部位点击相应琴弦。无名指触弦，七徽以上（往左），以指肚触弦，七徽以下（往右），以指肚偏左侧触弦。

（6）右手要有力度，忌虚浮，近岳山而弹，尤其在九徽以下的泛音，才能获得清亮空灵的泛音。

（7）左右手要默契配合，不快不慢，恰到好处地同时落在弦上。

大指泛音

中指泛音

食指泛音

无名指泛音

连续同徽位弦上点泛音，可用手指的不同
部位

二、练习部分

1.七徽泛音（大指、食指、中指、无名指分别练习）

艺 芑 六 五 四 三 二 勹 二 三 四 五 六 乚 。 正
艺 芑 六 五 四 三 二 勹 二 三 四 五 六 乚 。 正
艺 芑 六 五 四 三 二 勹 二 三 四 五 六 乚 。 正
艺 芑 六 五 四 三 二 勹 二 三 四 五 六 乚 。 正

2.泛音调弦练习

艺 芑 匎 。 匎 芑 。 艺 笱 。 艺 匎 。 艺 笱 。 艺 笱 。 正

（共6组，每组以第一个音为对照音）

3.《古琴吟》泛音片段

艺 芑 乏 。 勹 五 六 。 艺 匎 艺 。 匎 五 匹 。
匎 五 匹 。 艺 匎 艺 。 正

4.《湘妃怨》泛音片段

乞 勻 芑 勻 芑 勻 勺 芑。勻 芑 蔌 芑 勻 甸 芑。
蔌 甸 勺 乜 匤 甸 芑。勻 甸 甸 匹 凹 勺 芑。乤

5.《仙翁操》泛音片段

乞 甸 芑 六 四 笃 萦 暴 乤 廋

按音

一、按音基础知识

按音指左手按实在某一弦上，右手同时在这根弦的一徽右面的地方弹。

按音的减字符号：⼂

左手的大指、食指、中指和无名指都有按音指法。

大指按弦的指法符号：大

食指按弦的指法符号：亻

中指按弦的指法符号：中

无名指按弦的指法符号：夕

二、按弦技法

1. 明徐上瀛《万峰阁指法秘笈》中论"按弦"要点

按弦要义：凡指按徽，必须取准徽之分数，尤为紧要，少差一分则不合矣，又必按弦坚实，法当用力不觉。故云：按如入木。专言用力也但妙在不觉耳。

（1）大指按弦——彩凤衔书势：大指按弦势也。大指屈而按弦，则经行不碍于旁：即以虎口撑开，食指随提起屈曲，而中指直压于下，名指亦将直起，略高于中指。要使后三指夹紧，则手势约束而有力，不任其懈弛矣。按弦须用指甲根头，慎勿按在指尖，使指痕渐渐磨深，按之甚疼，且更惯不能移，奈何！大、食二指屈节相应，状如鸟啄，而余指跃然起舞，势似翱翔。其彩凤衔书之号，不其善哉！

（2）中指按弦——苍龙入海势：中指按弦势也。与大指按势相似，但中指按下时即以大指尖昂起，仍伏于食指旁，而食指亦随高于中名指之上。慎毋使诸指散慢不轨耳。中指直而下按，似有深入之意，余指代为翩跹，更有飞动之形。其名曰"苍龙入海"，甚为允宜。

（3）无名指按弦——鹍鸡起舞势：名指按弦势也。名指屈起中节，直其末节，卓肰按于弦上。中指微直以居其中，食指则仍提起，而大指亦随伏其旁也。肰名指末节，最是要紧。若软弱无力，则凹曲其节，名为折指，大不美观。肰必使筋力挺直，重按坚实，方为妙也。名指独立于弦，最要用力经行，仪如鹍鸡之鼓翼而舞，其势力何坚且状哉。

（4）无名指跪指按弦——文豹抱物势：名指跪弦势也。名指上下二节俱曲，余指仍如名指按弦势，因徽间短促，乃用此耳。但跪指之音，人多按不紧实，肰必令声声清楚，方为妙也。若跪一条弦，则用甲按。跪弦之二，则用一甲一肉，始得联络耳。此以一指内伏于弦，四指外张其势，其如文豹之抱物，而将欲法动者乎。

2. 现代彭祉卿《桐心阁指法析微》中论"按弦"要点

（1）大指按弦：屈其末节，侧势按之，指有二位：一在指头长甲处，用半甲半肉；一在指节骨中，纯用肉也。连按两弦，则兼用二位。四五徽以上多用纯甲，以取脆滑之音，按时宜稍仰其指。凡大指按弦，食指覆其上，微弯如偃月，忌与大指作圈。中名二指稍下，禁指竖起（各法皆同）。凡按皆取坚实，本音乃出，惟上下之际，须略略松动，以活其机。或谓绰上用半甲半肉，注下须用纯肉，或谓吟用半甲半肉，猱用纯肉，均勿泥。

（2）食指按弦：微俯其指，以指头平正按之，与大指侧按者异，用时不多，每与大指相互，惟泛音则常独用耳。

（3）中指按弦：中指按弦如食指，亦取指头正按，或在末节骨高起处，多用于一弦，以代名指；或与大指互按，泛音亦然。

（4）无名指按弦：屈其中节，固其末节，亦有两位：一在指头箕斗上，一在末节骨中，均稍侧左按之，其末节务须凸出，若凹下则成折指。大指屈中节以候于旁，不可昂起。食、中二指斜覆其上，忌压贴名指甲背，禁指直竖。

（5）跪指：名指屈中末两节，以指背按弦，谓之跪。亦有两位：一用纯甲，一用节骨。按时并须稍侧，盖五徽以上。徽分短促，名指直按不便，乃用跪按。此古人之巧法也。

3. 当代顾梅羹《琴学备要》中论"按弦"要点

（1）大指按弦——神凤衔书势：肘微张、臂平伸，腕略向左侧，掌亦随侧而后低前昂。大指稍屈中、末二节，虎口半开，以右侧近甲根半甲半肉处按弦；用纯肉者，则伸直中、末二节。于末节右侧挺骨处按弦。其转动运用全以末节坚实之力，如入木之状而又用力不觉。食指提起中、末二节微弯，中指直俯于食指下，名指亦伸直略高于中指，要使三指靠拢指缝，不致松懈，结构约束而有势。禁指例直。此势大、食二指屈节相应，状如鸟啄，而余指翩然张举，有似翱翔，太古遗音手势图，左大指按弦势，名为"神凤衔书势"。

（2）食指按弦——芳林娇莺势：肘微张，臂、腕平伸，掌略俯。食指稍屈其根节，伸其中、末二节，用指头肉面箕斗中平正按弦。其转动运用在中、末二节坚实之力。大指略曲，侧伏于旁，虎口稍开。中、名二指伸直，中指略高于食指、名指又略高于中指，指尖都微带仰，高下参差。禁指例直而翘。太古遗音手势图，左食指按、挑的手势，名为"芳林娇莺势"。

（3）中指按弦——苍龙入海势：肘张，臂、腕平伸，掌后虚而前微俯。中指各节俱直，指头略仰，以箕斗中平正按弦，若兼按两弦，则稍侧于左而兼用中、末节。其转动运用在于臂、腕灵活以助中、末二节坚实之力。食、名二指平直并伸，使名指高于中指，食指又略高于名指。大指侧候于食指旁，指尖昂起，虎口前开后合。禁指例直而翘。太古遗音手势图，左中指按弦的手势，名为"野雉登木势"，觉其不太似，词也欠恰切。徐上瀛《万峰阁指法秘笈》将它改名为"苍龙入海势"，比较适合。

（4）无名指按弦——栖凤梳翎势：肘微张、臂平伸，腕、掌稍侧向左。名指屈其中节，紧靠中指，凸出其末节，最忌凹入，名为折指，以指头箕斗略偏左处按弦，如并按两三弦，则伸直中、末二节，亦稍偏于左按之。其转动运用，在于名指末节坚劲，腕臂灵活，忌将中指压于名指之上助力。大指稍屈中、末二节，侧候于食指之旁。食、中二指靠拢，中指稍弯，食指略微提起，指尖参差。禁指如前。太古遗音手势图，左名指按弦的手势，名为"栖凤梳翎势"。

（5）无名指跪指按弦——文豹抱物势：肘收垂、臂平、向右斜伸，腕、掌微侧左而平覆。名指全屈其中节，跪其末节，按弦有甲肉两用，用甲者，则在甲背中按之，用肉者，则在末节近硬骨处按之。然初习颇痛，必须久练起茧，才能按得坚实，发音清楚。而且可以甲、肉兼用，并按两弦，取得联络之便。其转动运用在腕、掌灵活之力。如跪而掐起者，亦当稍侧左而跪按之，以便大指的动作。其余各指，与无名指按弦势同。太古遗音手势图，左名指跪按的手势，名为"文豹抱物势"。

大指按弦

中指按弦

无名指按弦

无名指跪弦

4. 按音的指法要点总结

（1）大指按弦方法：大指关节微曲，侧面按弦，触弦点有两处：按单一弦，在侧面半肉半甲处二分之一略往后；连按两弦时，第一弦用大指侧面骨节部位（高骨取音），第二弦半肉半甲处取音。大指按弦取音前，可以虚握拳头，大指搭在中指甲上，然后放松打开，让大指和中指相对，成C形，食指自然弯曲翘起，高于中指，虎口自然撑开，无名指在中指侧自然弯曲，可略高于中指但低于食指，中、名和小指三指尽量收拢，使力量聚合不分散。整个手形类似兰花，大指藏于食指和中指下。大指按弦忌和食指作圈状，大指根部忌凹陷折指。

（2）无名指按弦方法：无名指按弦法有二。其一，在大指按弦手形的基础上，以无名指侧按弦，大指和无名指呼应，让肌肉形成自然合力。食指、中指和无名指指根并拢，指稍错落。其二，放松肩，肘自然下垂，让胳膊的重量下沉，无名指自然落体到弦上。这时候，无名指的中关节一定是弯曲的，触弦点也落在名指左侧。手腕低平。无名指末节自然直，不可凹进凸出。无名指也有两个取音点：一为无名指指端左侧的指肉上；一为末节近硬骨处，通常在连续按两弦时用之。

大多数初学者无名指无力，需要勤加练习。可以经常有意识地以无名指按弦的方法，把无名指立在书桌等平面上五分钟以上，或者常用握力器增加指力。初学时，也可以中指傍于无名指上给力，但无名指坚实后不再允许傍指。

（3）中指按弦方法：中指按弦多用于一弦，在指正面的指端处。食指按弦不常用。

（4）跪指按弦方法：跪指常用于徽分短促的时候，多用于五徽以上。无名指中末节弯曲，以末节骨稍左侧部位着弦，似跪立在弦上，手心略含，中指和食指自然前伸，大指自然打开，小指不要卷缩。跪指按弦是初学者的难点，可暂不练习。

（5）左手按弦方法：左手按弦，要注意音准。徽位差一点就会导致音准失准，所以练习时除了手形的准确外，尤其要关注徽位的音准问题。同时还要注意用力的大小。用力不足，按音不实，会导致音虚；用力过猛，按音过实，会导致音拙。因此，要认真体会"按欲入木"与"用力不觉"之间的关系。

三、练习部分

1.大指按弦练习

笔 六 五 四 三 二 笪。笪 三 四 五 六 笔。

2.无名指按弦练习

笡 六 五 四 三 二 笪。笪 三 四 五 六 笡。

3.大指无名指散按弦综合练习1

笪笡。笪笡。笪笡。笪笡。笪笡。

213

芷䈟。芘䈀。苴䍒。苤䍒。苣芍。

4.大指无名指散按弦综合练习2

芍 二 三 䈝。苪 三 四 䍒。苪 四 五 䍒。

萄 五 六 䍒。萄 六 七 䍒。

芷 六 五 䍒。芘 五 四 䍒。苴 四 三 芍。

苤 三 二 芍。苣 二 勺 马。

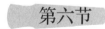

绰注与上下

古琴音乐中的走手音很有特色，它是右手弹弦得音后，左手在弦上来回滑动产生的动态滑音或虚音，是产生古琴韵味的一个主要因素。本节学习两种走手音的表现形式——绰注与上下。

绰：减字谱 卜。

注：减字谱 氵。

上：减字谱 上。

下：减字谱 下。

一、绰、注

1.明徐上瀛《万峰阁指法秘笈》中论"绰""注"要点

指自下绰上按弦曰绰，自上注下按弦曰注。徽有阴阳，弦有顺逆，非绰注则音不和也。又有用绰注稍过于徽而音始和者，此正阴阳之谓也。知此则无虑，其音不和矣。阅谱须以绰注慎之。

2.现代彭祉卿《桐心阁指法析微》中论"绰""注"要点

绰：右弹时左指于下半位按弦，迎音上至本位。

注：右弹时左指于上半位按弦，送音下至本位。

绰注之法，全在左按右弹。两手相应，指循弦走，音逐指生，如鸣蜩过枝，戛然曳响，恰在飞过之顷得声也。上下半位者，本位音前后之界也，于此下指，使界内数小音牵成一线，以当本位之音也。旧谱谓于徽位上下少许斜按取音，音短而促，与单云按者无别，失其旨远矣。旧谱又言绰注有稍过于徽而始和者，正阴阳之谓，此更无理之谈也。夫五声各有定位，过与不及，皆致乖舛，岂反能用绰注以和之哉。其有须过徽者，则以音位本不当徽也。如三徽音位，实在二徽九分。六徽音位，实在五徽九分。八徽音位，实在七徽九分。十一徽音位，实在十徽八分。十二徽音位，实在十二徽二分。十三徽音位，实在徽外一分。于此数徽用绰注，自必稍过始和，谱遂因以致误耳。

3.当代顾梅羹《琴学备要》中论"绰""注"要点

绰：右指弹弦，左指同时由下半位轻松起势，灵活用力，按弦迎音引上至本位重按得音曰绰。

注：右指弹弦，左指同时由上半位轻松起势，灵活用力，按弦送音抑下至本位，重按得音曰注。与绰取向相反，运指则同。

绰注的用法，全在左按右弹。两手相应，指循弦走，音逐指生，如鸣蝉过枝，戛然曳响，恰在飞过的俄顷间得声，正到好处，过与不及音皆不和。

4.绰注的指法要点总结

绰：左手在指定徽位的下方（约左边半个到一个徽位），趁右手弹时，迎着音往上（向右）滑到指定徽位。注意：左手在指定徽位的上方（约右边半个到一个徽位），趁右手弹时，迎着音往下（向左）滑到指定徽位。绰注只是对本位音的装饰，本质上说只有一个本位音，因此绰注忌有音头。右指弹弦的同时，左手不要逗留在始发位，必须立即滑动到指定徽位，这样就可以避免音头的产生。绰注起始位离本位音的距离很灵活，一般情况下以半徽至一徽的距离为宜，但是也有超过一徽或者更长的距离，如梅庵派的取音。绰注时的速度快慢也很灵活，因琴曲曲意或者流派特色而定。

二、上、下

1. 现代彭祉卿《桐心阁指法析微》中论"上""下"要点

上：按弹得声后，走上一位有音曰上。

下：按弹得声后，走下一位有音曰下。

上下由绰注而生，而其用不同。绰注合两位为一位、融两声成一声。上下则分一位为两位、化一声为两声也。凡上皆从扬，下皆从抑，须参绰注之法。运指两头着实而中虚，如楷书一字，有起有顿也。上下以一位为率，然亦有只及半位者，有至一位半者，有经过数位者，各从谱注徽分别之。

两次连上或连下，谓之二上二下。有二上而兼一下者，有二上复二下者，有一上而又二下者，更有三上或三下者，皆作行腔之用。每上下或一位或位半，各从音位所在。

运指须劲挺，每经一位，指力一凝，再过他位，如画竹枝，逐段成节，则音出实在，无浮滑之病矣。

2. 当代顾梅羹《琴学备要》中论"上""下"要点

上：于本位按弹后，左指向右走上一位得声曰上。运指要挺劲，两头着实，有起有顿，则出音实在而不浮飘。

下：于本位按弹后，左指向左走下一位得声曰下。运指与上法同，而取向相反。

上下两法，由绰注而生，而效用不同。绰注合两位为一位、融两声成一声，上下则分一位为两位、化一声为两声，都是作行腔用的。

凡用上下，或一上一下或二上二下，或一上二下或二上一下，最多有三上或三下的，都是因节奏而定。其上下的地位，务以协音为要，非可任意，漫无定准。

3. 上下的指法要点总结

上：左手按弦、右手弹弦后，左手从左向右（往岳山方向）按住弦走音到指定徽位。下：左手按弦、右手弹弦后，左手从右向左（往龙龈方向）按住弦走音到指定徽位。上下与绰注不同。绰注只有一个音，不占音值；而上下是两个音，占音值。上下走弦时忌拖泥带水，迟疑犹豫，须过弦干净利落，到达指定徽位后要稳定住音，不要轻易离开音位。上下运指须两头实中间虚，这样得音才清晰分明。

三、绰上与注下

现代彭祉卿《桐心阁指法析微》中论"绰上""注下"要点

绰上：按弹甫得声，连带音上一位曰绰上。

注下：按弹甫得声，连带音下一位曰注下。

绰上注下，与单言绰注者不同。盖绰注由上下位以至本位。绰上注下则由本位至上下位。绰注借上下位音以为本位之音，其音混融无迹。绰上注下则发音在本位，收音在上下位，不过两音相连，仍有端倪可寻也。

绰上注下，又与单言上下者有异。盖上下仅于本位按弹，音已出定，再过一位有音，故为两声。绰上注下，则本位按弹，音出未定，即带音过一位，实只一声耳。（旧谱有注下而无绰上，其法不备，特依义补之。）

绰注上下的变化应用如下表所示。

指法	减字谱	指法描述
绰上	上	按弹音初出，速即带音上一位。发音在本位，收音在上位，两音迅疾相连。与单绰不同，绰是由下位起势至本位得音，借下位的音融混于本位的音内；与上不同，上是本位按弹得音已完，再上一位有音，为明显的两声。绰上是弹音才出，即带音走至上位，仿佛成为一声
注下	汗	按弹音初出，即带音走至下一位。原理同上
大绰	夲	从上下一位或者一位半取音，盖合两声为一也。大抵曲句起首或煞尾用绰注时，欲音完足，以从远引至为宜。古指诀所谓"声完绰注须从远是也"。大绰大注有过两三位者，须注徽分
大注	夲	
少绰	少	绰注只取半位之半者曰少绰少注，即从本位上下二分斜按是也。凡音节碎密重用细吟细猱小进退急分开时，绰注亦宜缩小，则用之。少绰少注虽缩小离本位甚近，亦有定位，不得仅以少许概之
少注	少	
硬上	上 或 更	按弹得音即上，运指坚实，有径行直捷之意，与寻常的上有别
浒上	上 或 午	按弹得声少息，即上一位有音，速过别弦接弹，这一上的声音名曰"浒"。取音虽直而疾，仍有停顿连续之意。运指宜虚，与硬不同，如跑到水边急切回步
淌下	尚下	按弹后乘音未完，速带音缓缓淌至下位，运指柔而迂，与注下运指劲而速者不同
进复	隹日	于按位弹得声后，即上一位有声曰"进"，随即归本位有声曰"复"，共得三声。运指先扬后抑，取音连活圆润
退复	艮日	与进复取向相反。于按位弹得声后，即下一位有声曰"退"，随上回本位有声曰"复"，共得三声。运指先抑后扬，取音连活圆润。进复退复有大小之分，视音位阔狭而定

指法	减字谱	指法描述
分开	分	同弦两弹，先于按位弹得一声，指走上一位有声，再乘音注归按位弹一声，所以叫作"分开"。计两按弹声，一走上声，共得三声。运指与进复同，也就是将进复退归本位的走音，改弹一声实音
往来 二往来 大往来 小往来	徕 㵄 夶徕 尐徕	按弹得声后，随即退下一位，复上至本位，又退下一位，得三声，如"退复退"。也有用五声的，即再上下一次，而成"退复退复退"。还有作"退复退复"的，称为"二往来"。比往来的地位大些，即上下一位半的往来，称为"大往来"；比往来的地位小些，即上下半位的往来，称为"小往来"。二者都是看节奏的缓急而定的。运指要洒脱，取音才能摇曳

五、练习部分

1. 按音和绰按音练习

筊 筊。筊 筊。筊 筊。葡 葡。筊 筊。䇅 䇅。

2. 绰音练习

芍 䇅。芍 齨。芍 䇅。茍 䇅。茍 䇅。芍 䇅。

3. 按音与注按音练习

芍 芍。筊 筊。筊 筊。葡 葡。筊 筊。

4. 绰注音练习

芘 芑。 笆 芑。 篁 篁。 蓝 蓝。 笪 篁。 笪 芘。

5. 上练习

芑 耒。 笆 咭。 笽 耒。 蓝 耒。 笪 咭。 芑 耒。 荺 咭。 荺 夻。

6. 下练习

芑 垟。 笆 垟。 篁 垟。 蓝 垟。 笪 垟。 笪 垟。 荺 垟。

7. 上下走音练习（进复练习）

荺芘 隼覓。 荺芑 咭覓。 荺笽 隼覆。

荺蓝 隼覓。 荺笪 咭毛荺。

8. 上下走音练习（退复练习）

荺芘 艮白。 荺芑 艮白。 荺笽 艮白。

荺蓝 艮白。 荺笪 艮白。 茁荺 艮白。

芭荺 艮白。 茝荺 艮白。

9. 上下绰注综合练习 1

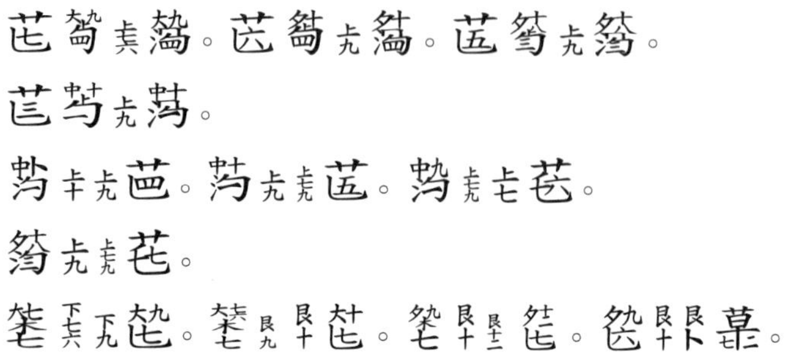

10. 上下绰注综合练习 2

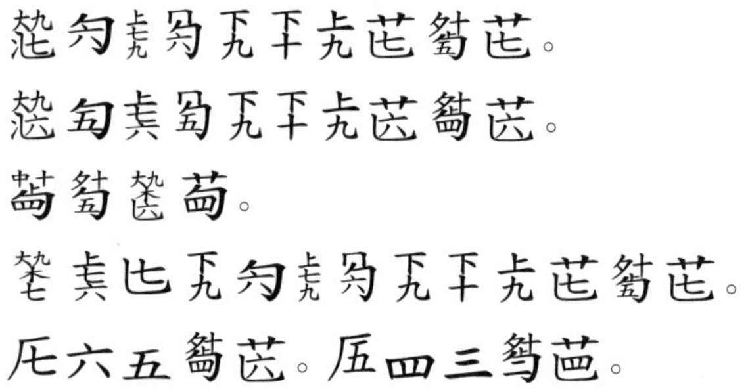

注：厂为“历音”的减字体式，指多条弦连挑。取音贵轻疾连明。以食指略悬直，指尖从弦面轻轻浮过，向前直出，自然虚灵无碍，急连成串，或仍用大指抵送也可。

吟猱

古言云："琴之妙趣，半在吟猱。"吟猱是古琴音乐重要的组成部分，也是古琴演奏者必须掌握的一种技巧。

吟的减字体式：𠂊

猱的减字体式：犭

一、吟猱

1. 明《太古遗音》中论"吟""猱"要点

如右扣弦，左按徽，令指下有声清圆，是也。然有声之前后急缓取。四指同。

左手大中名指——寒蝉吟秋势。

按指得声细动，不过徽谓之吟，或以甲或以肉，假如大指按一弦则用甲吟，若按两弦则用肉吟。

左手大指——号猿升木势。

按指乘声引出徽外少许，急回对徽得声，如圆珠，谓之猱，若猿猱之升木，跻攀而吟号也。

2. 明徐上瀛《万峰阁指法秘笈》中论"吟""猱"要点

吟者，按弦取声，在指按处往来摇动，上下不出三四，令先大后小，一转一收，约四五余转，即收于本位而止。少则亏，多则过繁，故有恰好之理，以圆活完满为度。吟之缓急俱要圆满，若吟哦然，致有音韵。

猱者，指于按处往来摇动约过本位五六分，大于吟而多急烈，音取阔大苍老，亦以恰好圆满为度。大都小者为吟，大者为猱，吟取韵致，猱取古劲，各有所宜。

3. 清蒋文勋《二香琴谱》中论"吟""猱"要点

吟，按弦取音，往来摇动，上下不出三四分。先大后小，一转一收，约四五余转，即收归本位而止，而能应上接下不绝如缕，乃得其趣。

猱，按弦取音，往来摇动，上下不出五六分。如猿猱升木，吟取韵致，猱取古劲。用猱之法，要避煞声，猱音阔大苍老而多急烈。

4. 现代彭祉卿《桐心阁指法析微》中论"吟""猱"要点

吟，按弹得声后，带音上位右二分，转下位左二分。又上位右一分，又下位左一分，复上至本位为止。凡五音四转，两转一收。（如欲从旧说一转一收，则位左用分半半分亦可。）先大后小，以归本位。运指如旋规。取音须圆活，犹吟哦之有韵致也。分指律分，盖两律相距谓之律度，每一律度，长者中含四律分有余，短者四律分不足。兹取二分，则半度也，合上下两半度为一全度，仍属本律之音。过此则浸入他律界内矣。旧谱于吟云往来三四分许，或云二三分许，所取何分，并未注明。如以寸分言，则三准之度。实相倍半。中准用三四分者，下准当用七八分。上准只用一二分，不得统云三四分也。若谓徽间之分，则更有广狭不同。六七徽间之二三分。在十与十一徽间，当加倍而为四五分，更就下准再加。必为八九分，以至全徽矣。尤不得以一二三分概之也。今据律分为准。（律分二分。在七徽约为今尺五分半，在四徽得二分七，在十徽得七分半，在徽外得九分。）自能随律度伸缩，以通用于全弦。或以律分不易明，则可于本位上下省间各取其再半度用之。（声之再半度，即律之半度也。）例如以九徽为本位，自九徽上至七徽九分为全声度，折半得八徽四分余为半声度，再折半八徽六分余为再半声度。自九徽下至十徽为全声度，折半得九徽五分为半声度，再折半九徽二分五为再半声度也。其他徽位依此例推。以上下再半声度定用吟之界。自能音与律合，而无贼音扰指矣。

猱，按弹得声后，带音下位左二分，折上位右二分，又下位左一分，又上位右一分，复下至本位为止。凡五音四折，两折一收。（如欲从旧说一折一收，则位右用分半半分亦可。）先大后小，以归本位。取向与吟相反。运指如折矩，出声贵苍劲，犹猿猴升木，得其摇撼之声也。旧谱于猱作往来五六分许。较大于吟。今按吟上下二分，已至本位律界。长吟大吟加倍，上下四分，以至本位声界。若猱加大，必过本律。而长猱大猱再加倍，更越出本声之外，侵及他声，故不可用。或谓吟可缩小至上下一分，然则细吟再缩小，必在半分以内，用于上准，将无法以取之矣。旧谱又有谓吟在徽下猱在徽上。一云吟在徽上猱在徽下。然吟在徽下，何以别于绰吟；吟在徽上，何以别于进吟。猱在徽上，何以别于注猱；猱在徽下，何以别于退猱。今纯以运指方向及取音转折为别。不计其大小上下，则无上述诸病，而与古人吟猱本法亦不相背也。

吟猱节奏，琴镜定为用两板者。吟在第一音与第四音，猱在第一音与第五音。（琴镜谓第三猱用板。盖以猱向上不用力，故第五音即第三猱也。）用一板者，吟在第四音，（如用四吟，则为第三音。）猱在第五音。其法极善，因此第四音第五音一板之差异。吟之用转，猱之用折，均可显然表出矣。

曹柔指诀云：左手吟猱绰注。故吟猱绰注谓之左手四法。吟猱化一音为数小音。绰注合数小音为一音，似相反而实相成。与单按而弹者意味迥别。譬之数量，单按而弹，音之点也。加以绰注，则引而成线矣。更用吟猱，又廓而为面矣。（如滚拂打圆之类，则又积多声而为体也。）五声变化，实基于此，故尊之以为法也。四法之中，必分虚实抑扬。盖按弦固取坚实，然往来动荡，又必实中有虚。其机方得灵活。吟猱均与本位上下取音。而吟从绰，须实上而虚下。猱从注，须实下而虚上。此即二者用指取音之细别也。凡各种吟猱及逗撞唤蓄等类皆从之。抑扬二字见蔡邕琴赋。绰而向上，用力先轻后重，则其音扬。注而向下，用力先重后轻，则其音抑。凡上下分开进退往来等类皆从之。明乎右手之疾徐轻重，左手之虚实抑扬，弹琴能事过半矣。吟猱往来均有限度，绰注发音亦有定位。故随弦上下非绰注，信手摇动非吟猱。不然，按音斜按者多，而又必摇曳其音，以求圆活，是声声皆有绰注吟猱矣。古人又何必特设此指法，并详分长短大细，以明注于谱中哉。

5. 当代顾梅羹《琴学备要》中论"吟""猱"要点

吟，左指于按弹得声后，带音于本位左右摇摆三四分许，动荡有声，须实上虚下，即上用力下不用力，约四五转，先大后小，一转一收，仍归本位而止。少则亏缺，多则过繁，以恰好二字为要诀，即圆活饱满的意思。凡吟的缓急长短总不外此一诀。取音若吟哦诗词一样，方有韵致。也就是要延长按弹实音的时值，而用柔和的吟法取得嫋嫋余音，绵连不绝。

猱，按弹得声后，带音于本位上下搓猱四五分许，动荡有声，须虚上实下，即上不用力下用力，约四五转，先大后小，仍收归本位而止。取音大于吟，而苍老浑厚，也是以恰好圆满为法，与吟同为延长按弹实音的时值，在节奏中宜于刚劲的余音时用之。

（1）左大、中、无名指吟势——寒蝉吟秋势：肘微舒、臂平伸、腕稍向左侧，掌随腕势而后低前昂。用大指吟，则略屈其中、末二节，以右侧末节甲根半甲、肉处按吟。或末节近挺骨处按吟，虎口半开。食、中二指并连微弯，使中稍高于食，指尖参差，名指伸直，略高于中指，指缝微开，禁指如前。如中、名指用吟，则各如其按弦之势。其转动运用，都在各指按处控制虚实恰当，臂松腕软，以助掌指闪动之力。

（2）左大指猱势——号猿升木势：肘微张、臂平伸，腕略侧左掌亦随侧而后低前昂。大指伸直中、末两节，以末节右侧甲根半甲半肉处，或末节挺骨处按弦而猱，虎口半开，其转动运用全在臂、腕松软，以助中、末二屈伸圆活之力。这样则一指可管两弦。食、中二指靠拢微弯，中指略高于食指，指尖参差。中、名二指指缝稍开，名指略高于中指。禁指如前，切忌大指与食指捏作圈形，俗恶难看。若用中、名二指猱弦，手指的结构，各如其按弦之势。其转动运用亦在臂、腕松软，以助中、名二指中、末两节，坚劲圆活之力。

6. 吟猱的指法要点总结

吟猱的方法在很多谱本中有不同的描述，仅本书参考的数种文献，就有不同的观点，其中以《太古遗音》的解释最为简要，《桐心阁指法析微》的说明最为细致。笔者就自身所学，参考古本以及琴友的交流试总结如下：

（1）吟小猱大。一般情况，吟于本位音左右三四分许，猱四五分许。吟以圆活为要，猱取古劲阔大。

（2）吟猱都属于装饰音，不可反客为主，通常在得音后，等主音稳定后再做吟猱，约四五转，幅度都是由大到小，最后都要归于本音。（《桐心阁指法析微》的解释颇为细致，吟为五音四转，猱为五音四折，可借鉴之。）

（3）吟以本位音为中心点或者圆心，由大到小做左右运动或者圆转运动，产生或方或圆的音效，方圆手法服务于曲情需要。《太古遗音》将之描述为"寒蝉吟秋势"。

（4）猱可在本位音的下方或上方取音，一般而言，以绰取音，猱在本位音的下方（左侧），实上虚下，以注取音，猱在本位音的上方（右侧），虚上实下，手法像猿猴升木。

（5）训练吟猱，先从调身开始，沉肩坠肘，放松整个手臂、腕和手指，然后模仿拿布擦桌子的动作，以腕带动手指，先定点微微左右摆动，再慢慢离开徽位左右少许做直线来回，后训练在徽位两侧或顺时针或逆时针，做椭圆形画圈，由大到小，最后定于本位。做猱的训练，节奏很重要，需要配合着老师的指令进行训练。彭祉卿说过，不是所有的摇动都是吟猱，要细细体会虚实之别。

（6）吟猱的应用要适度，不要追求华美而过度使用。古人说，当吟则吟，当猱则猱。不需要吟猱的时候，就坚决不要用。具体应用根据曲子的实际情况而定。

吟猱的各种变化应用，如下表所示。

吟 𠂇		猱 犭	
名称	手法	名称	手法
长吟 𠃍	吟之加倍，共九音八转。按弹得声后，带音上本位四分，随下过本位四分，又上过三分，又下过三分，又上下各过二分，又上下各过一分，复上至本位为止。前四转音缓，余如常吟	长猱 身	猱之加倍，共九音八折。寻常吟猱，往来二分。长吟长猱，上下四分，已至他律之位，然以声论之，仍不出本度
少吟 芐	吟之减半者。凡三音两转。按弹得声后，带音上过本位一分，随下本位一分，即归本位。运指轻且速，紧弹时用之	少猱 犭	猱之减半者，三音两折。同参少吟
略吟 畧	同少吟，以不经意出之	略猱 畧	同参略吟
大吟 夻	吟之往来阔大者。按弹得声后，带音上过本位四分，随下过本位三分，又上过本位二分，再下过本位一分，复上至本位止。转数同常吟	大猱 夻	猱之往来阔大者，同参大吟。大吟大猱，多用于起首或者曲中音节疏阔之处。其往来之度既广，吟时难得圆转，猱时难得苍老，须用意作之为要
细吟 纤 微吟 岁	吟之纤小者，法如少吟作两转。先上位右一分，随下位左只半分，即归本位，与之小异	细猱 犭	猱之纤小者，同参细吟。细吟细猱，均于音节密处取之

吟 亍		猱 犭	
名称	手法	名称	手法
定吟 宇	以指筋骨微微动荡，不露吟的行迹，并不离开按位，取其机活有声为妙	定猱 犷	法同定吟，都是用在长吟长猱之后
缓吟 𣬉亍	慢而宽和，其音不断	缓猱 𣬉犭	参缓吟
急吟 㝈亍	紧而迫促，其音不乱，如细吟而大，按弹后上位右二分，随下位左一分，即收归本位	急猱 㝈犭	参急吟
落指吟 备亍	甫弹得音即吟，如急吟而中过两转	落指猱 备犭	参落指吟
就吟 尤亍		就猱 尤犭	
进吟 隹亍	按弹后进二分，即以之为中枢。如常吟四转，其第一上即至位上四分，为本位之声界，一转而下至本位，再上再下再上，收归中枢。盖取本位前半度之音也。与绰吟不同	进猱 隹犭	按弹后进二分作猱。按吟从绰，猱从注，故《徽言秘旨订》谓：有注猱无注吟，有绰吟无绰猱。有退猱复无退吟复，有进吟复无进猱复
退吟 艮亍	按弹后退二分，即以之位中枢。如常吟四转，第一上即至本位。一转而至位下四分。乃本位之声界。再上再下再上，收归中枢。取本位后半度之音。与注吟不同	退猱 艮犭	按弹后退二分作猱

229

吟 亍		猱 犭	
名称	手法	名称	手法
绰吟 卆	绰弹得声后，随即退下本位少许，向本位取吟，不过本位之上，仍收归本位而止	绰猱 孑	参绰吟
注吟 汙	注弹得声后，随即缩上本位少许，向本位取吟，不过本位之下，仍收归本位而止	注猱 彣	参注吟
双吟 翠	同弦两弹均用吟，不分缓急，各三音两转	双猱 㺜	同弦两弹均用猱，不分缓急，各三音两折
游吟① 迁	绰弹得声后，即退下一位，再绰上本位，又退又上，接用常吟。往来上下，指似游荡	游猱 荡	参游吟荡吟。游猱于进复进后加注猱。荡猱先下后上再加猱
荡吟 荇	按弹后走上一位，随下过本位以至下位，仍上本位急吟。旧谱所谓上下荡开后吟是也。其吟须两头用力，音韵乃合	荡猱 迖	

---

① 有些谱上认为游吟或为荡吟，其实一法二名，唯荡吟较游吟稍大而松缓。

续　表

吟 亍		猱 犭	
名称	手法	名称	手法
飞吟 飞亍	飞，按弹得声后，或一上二下，从按处上一位，即下至按处，再下一位，停止在下位。或二上一下，从按处连上二位，退下一位，停止在上位。或二上二下，从按处二上即二下至按处，仍停止在本位。运指迅奋如鸟翼的飞行。飞吟，须先将音迎住，然后上下飞行，每到一位，指下速速连绵振动，取得碎音，如飞燕上下，细语呢喃，音响的长短高下，延续不断为妙	撞猱 犭	猱中带撞。如常猱而用力相反。实上虚下。与双撞略似。先大后小
分开吟 伞亍	右抹得声后，指上一位急吟，随挑一声。乘音注下本位，即分开之中夹吟	迎猱 犭	右弹时左指先逗上位右少许，迎其音而抑下位左少许，又上又下，再上即下至本位而止，上下两头用力，取音连活有情，与常猱虚上实下不同
往来吟 徕亍	按弹后走下一位急吟，复上至本位急吟，再下一位。第一吟须向下位用注法，第二吟则向本位用绰法，音韵乃合	—	—

二、练习部分

1. 吟猱练习 1

茈千茈千茈千茈千茈千茈千茊千茊千

茊千苟千茍千菊千茊千𝅘

茈𝄀茈𝄀茈𝄀茈𝄀茈𝄀茈𝄀茊𝄀茊𝄀

茊𝄀苟𝄀茍𝄀菊𝄀茊𝄀𝅘

2. 吟猱练习 2

茊茈千。茊茈千。茊茈千。苟茈千。菊茈千。

茈菊𝄀。茈苟𝄀。茈茊𝄀。茈茊𝄀。茈茊𝄀。

3.《黄莺吟》练习

茈菊千。茈菊千。

茊六茊千。茊匜茊千。莫勹厍茊𝄀。

茊匜戻勹厍茊𝄀。荁莫巨茊𝄀。

《黄莺吟》《南薰操》

本节通过两支传统小曲的学习，巩固左右手的基础指法。学习建议如下：

1. 首先熟练读诵歌词，理解词意。

2. 然后学习减字谱，在弦上找到每个音的位置。注意指法的准确性。

3. 跟着歌词的念诵节奏完整地习弹整曲。允许每个人有不同的表达。

4. 最后参考所定简谱样本，了解自己的表达和样本的异同，可以互相交流，尝试不同的节奏。

一、《黄莺吟》

古琴曲《黄莺吟》，又名《开指黄莺吟》，刊载于南宋末年陈元靓的《事林广记》，是一首短小的琴歌。

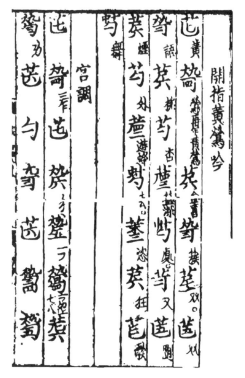

《开指黄莺吟》曲谱

1. 歌词

黄莺，黄莺，

金衣簇，双双语，桃杏花深处。

又随烟外游蜂去，恣狂歌舞。

2. 减字谱

正调

芑莕。芑莕。

茋六莟。茋匝莟。莫勹厘竻。

芎匝尻勹厘竻。蕫莫巨竻。

3. 参考简谱

黄莺吟

《事林广记》

1=F 4/4

二、《南薰操》

《南薰操》，又名《南风歌》，相传为舜帝所作。此古谣
以舜帝口吻，说世间万物迎承薰风的恩泽。

1. 歌词

南风之薰兮，

可以解吾民之愠兮。

南风之时兮，

可以阜吾民之财兮。

2. 减字谱

3. 指法解释

（1）筶在正调按弦点为筶。

（2）闪：罨的减字体式。名指按下一位弹得声后，随以大指于上一位对徽磕下击弦有声曰"罨"。要在指力集中凝于一点，只落弦上，勿击响琴面，触及木声，罨后指即着实，按紧，出音愈清。如先无按弹，左指凭空对徽磕下击弦有声，则曰"虚罨"，减字体式作"虍"。罨法还是一样。据《琴学备要》，其可描述如下：

左大指罨势——空谷传声势

肘张、臂平伸，腕掌微向左侧，名指屈其中节，以箕斗左侧按弦。大指微屈其中、末二节，坚其末节，指尖扬起，虎口半开，用指头右侧，于名指按弦的上一位击下有声。其转动运用，在腕与大指根节之力。食、中二指并

拢略弯，随掌势稍侧。禁指例直而翘。太古遗音手势图，左大指罨的手势，名为"空谷传声势"。

练习技巧：在对徽击弦前，想象有一颗小钉子半个已在面板内，还留有小半个头，练习者左手大指就像是个小榔头，轻轻地击打在徽位，把想象中的钉子不轻不重打入面板，切忌太重打出板声，也不可太轻导致音虚。

4. 修改定谱

篗𣏾筡罜九夫芭。

南 风 之 薰　　兮

芘匀篗𣏾簆蠢蕠𡘹芭。

可 以 解 吾 民 之 愠　兮。

芭筍芘匋夫芭。

南 风 之 时　　兮

乇𢖩匀匋匀匋匀蕠㫓止

可 以 阜 吾 民 之 财 兮。

5. 简谱定谱

南薰操

虞舜

《东皋琴谱》郑雯嫣定谱

《仙翁操》

本节学习两个左手指法——掐起和撞，然后学习《仙翁操》。掐起是初学者较难掌握的指法，需要边观察边思考边练习，发现问题，不断改进。

一、掐起 乞

1. 明《太古遗音》中论"掐起"要点

左大、无名指对按掐起势——鸣鸠唤雨。

假如大按九徽得声，以名按十徽而大掐起，谓之对按也。余皆仿此。

2. 明徐上瀛《万峰阁指法秘笈》中论"掐起"要点

鸣鸠唤雨势。

大指掐起势也。大指按弦，欲令掐起，则将名指按下，大指随曲而掐弦，或一掐，或两掐，则与无名指按弦势同，但只移动大指耳。跪指掐势亦与此势同。无名指曲而下按，大指掐而昂头，首尾相应，政如雌鸠之唤雨状也。

3. 现代彭祉卿《桐心阁指法析微》中论"掐起"要点

大指按上位弹得声后，名指接按下位，大指甲尖将弦掐起有音，以代右弹，要在无名指按弦坚实，其音方出。

4. 当代顾梅羹《琴学备要》中论"摇起"要点

肘、臂、腕、掌势如前。大指微屈其中、末二节，虎口半开，以右侧半甲半肉按弦。名指屈其中节，用指头箕斗左侧对按于大指同弦的下一徽位，大指随以甲尖右角爪弦而起，名指仍坚按不动。其转动运用在腕力松活，名指按得坚实，大指拨得轻灵，须垂名指一按着弦，大指即趁势摇起，若等按后再摇，就迟滞不生动了。食、中二指并拢伸直。禁指如前。

5. 摇起的要点总结

（1）形状的变化。大指按在四弦九徽，手形保持正常，然后无名指往右平平伸展按到十徽处，两手指呈框形。

（2）力的变化。无名指按在下一徽位时，力从大指移到无名指，无名指按实，大指放松（但不要提起），此时可觉察到大指下的弦与板面的空隙，顺势以大指甲尖右角拨弦得声。注意不要等按后再用力去拨，这样音会生硬。无名指下大指即起，不可稍停，大指要拨得轻灵，无名指一定要按实。平时无事时可以放松地以大指击打桌面再轻松地抓起，以训练大指的灵活性。

（3）注意动作的流畅、自然，讲究一气呵成。

二、撞 立

1. 明徐上瀛《万峰阁指法秘笈》中论"撞"要点

如按七弦七徽，一弹用指急上寸许，速下本位得一声，曰撞。其速如电，盖速则成一声，迟则成二声矣，切须辩之。

2. 现代彭祉卿《桐心阁指法析微》中论"撞"要点

按弹得声后，指上二分，一触急复本位，凡得一声，如钟杵之撞，故曰撞。运指实上虚下，盖所取者位上二分之音，非本位之音也。最要在一触即下，其速如电，方成一声，稍迟则如进退，而为二声矣。

3. 当代顾梅羹《琴学备要》中论"撞"要点

按弹得声后，左指急于本位向上一闪，急掣归本位，凡得一声，运指实上虚下，如钟杵撞钟一般地撞，其速如电，要速才是一声，略迟就成两声，如"进复"而不是"撞"了。撞的变化见下表。

名称	减字谱	描述
小撞 / 大撞	小立 大立	小撞只上一分，大撞须上四分，即半位。运指同上。小撞用于音节碎密处，须活泼有情。大撞用于音节疏阔处，虽度远仍须迅速也
虚撞	虚	按弹得声后，上下一位，再用撞，以右手无弹故曰虚，非撞时不用力也
双撞	竺立	按弹得声后，连撞两次，均实上虚下，得二声
反撞	反立	按弹得声后，指下二分，一触急复本位，运指实下虚上。与撞相反

4.撞的要点总结

（1）撞是常用的左手技法，得音后疾上又速下本位音。要求按弹后撞，即本位音要稳定后再撞，如果本位音还不够稳定时加撞，就可能成了逗。

（2）按弹后撞须迅速，带有突然性，成一声，如果速度不快，就可能成为进复二声。

（3）撞的发力取自手腕，手腕一转，轻巧取撞。

三、练习部分

1.撞摇练习

2.《秋风词》撞摇片段练习

四、琴曲《仙翁操》

《仙翁操》，又名《操缦》《调弦入弄》等，因配歌词"仙翁仙翁，得道仙翁"而得名，为著名的古琴开指小曲，类似书法中的永字八法。本曲虽小，但结构严谨，不仅有大小间勾的指法练习，同时可以训练一散一按之间音的和谐，是有助于提升基本功的练习曲。

本书习弹版本为沈草农、查阜西以及张子谦先生编的《古琴初阶》所收录的《仙翁操》。学习方法分两个阶段：

第一阶段习弹，按音不加绰注，直接点到位，训练音准以及本位音取音。训练到娴熟。

第二阶段习弹，按谱加上绰注。第三句的第四个音（无名指十八勾三）可加注；第九句的第一个音（大九注勾四）之后可以加上撞后再摇起，以增加活泼灵动的效果。

1. 减字谱

芭勾芭匋。1 芭勾区匋芭匋。2 苉匂
匜芎苉芎。3 苉勻凹芎苉芎。4 芭勾三
芎芭芎。5 芭芎苉芎。6 苉芎芭匋。7 匋六
上九 芭匋。8 匋苤苉匋。9 邑匋苬六四芎茳
中七大七六 昷 㠪㠪。10

2. 简谱旋律参考

仙翁操

1=F 5/4

(1)
| 6 3 6 6 - | 63 55 6 6 - | 52 33 5 5 - | 31 22 3 3 - |

(5)
| 26 11 2 2 - | 22 3 3 - | 55 6 6 - | 7 23 6 6 - |

(9)
| 65 5 5 - - | 2 65 2 5 - | 5 - 5 - - ‖

《凤求凰》

本节学习琴曲《凤求凰》，习弹建议如下：

1. 熟读歌词，掌握诗词吟诵的节奏感。

2. 按谱索弹，熟悉音位和指法。

3. 按吟诵的节奏慢慢调整旋律，注意气口和气息的运用。

4. 由教师示范并改进学生的节奏和音准问题。

5. 代入情感，深情弹唱。

一、琴曲背景

根据司马相如和卓文君的爱情故事，后人作琴曲《凤求凰》流传至今。本曲最早见于汪芝的《西麓堂琴统》，现今流传最广的谱本为《梅庵琴谱》。《西麓堂琴统》版本共十段，其中第三段和第八段全为泛音，配以司马相如的原词。

第三段为：

> 凤兮凤兮归故乡，遨游四海求其凰。
>
> 时未遇兮无所将，何悟今兮升斯堂！
>
> 有艳淑女在闺房，室迩人遐毒我肠。
>
> 何缘交颈为鸳鸯，胡颉颃兮共翱翔！

第八段为：

> 凰兮凰兮从我栖，得托孳尾永为妃。
>
> 交情通意心和谐，中夜相从知者谁？
>
> 双翼俱起翻高飞，无感我思使余悲。

《梅庵琴谱》版本全曲配词，不分段。林钟调（慢角调），即正调慢三弦一徽。歌词最早见于元代王实甫的杂剧《崔莺莺待月西厢记》。

二、琴曲版本比较

《自远堂琴谱》（1802）版本的《凤求凰》，旋律结构和歌词与《梅庵琴谱》版本几乎一样，应为《凤求凰》的早期版本。本节收录这两个版本，并对比异同。

1.《凤求凰》(《自远堂琴谱》版）徵音

2.《凤求凰》(《梅庵琴谱》版）林钟调

9. [琴谱] 10. [琴谱]

11. [琴谱] 12. [琴谱]

13. [琴谱] 14. [琴谱]

15. [琴谱] 合 [琴谱]

16. [琴谱] 17. [琴谱]

对比这两个版本，我们可以大致总结以下几点：

（1）《自远堂琴谱》版为借正调定弦，一弦为宫，一到七弦音高为 do、re、fa、sol、la、do、re。《梅庵琴谱》版为林钟调，一到七弦的音分别为 do、re、mi、sol、la、do、re。林钟调，即慢三弦定弦，也称为 C 调定弦，将 F 调弦式的三弦 F 音降低一个小二度为 E 音。泛音校弦法：五5——三4。

（2）《自远堂琴谱》版全曲 20 句，《梅庵琴谱》版全曲 17 句。《自远堂琴谱》版比《梅庵琴谱》版多了一段泛音。《梅庵琴谱》版认为此曲富有爱慕之忱，绝不同于一般庸俗化男女相悦之情调。恰如相如与文君之两心相契，所以能打破封建枷锁，传为千古美谈。久弹自能体会其用情之深及用情之挚而无问古今。

（3）《梅庵琴谱》版带有梅庵派特色，指法上多用绰、轮音。如第三句，《自远堂琴谱》版是"[琴谱]"（116165），到了《梅庵琴谱》版，加了轮指"[琴谱]"（111116165）。两个版本的结构和旋律几乎一样，但是细节不同，由此产生了不同的音效。《梅庵琴谱》版的风格节奏更鲜明。

（4）绰注的指法运用。《自远堂琴谱》版有 9 绰 10 注，《梅庵琴谱》版绰有 10 处，而注只有 2 处。由此也体现了梅庵派指法多用绰的特色。如第 7 句，《自远堂琴谱》版为"[琴谱]"，到了《梅庵琴谱》版，3 个按音都加了绰，变为"芍芭笃芍笃"。

（5）《自远堂琴谱》版和《梅庵琴谱》版的左手指法应用统计如下表。

指法	《自远堂琴谱》版	《梅庵琴谱》版
绰	9	10
注	10	2
吟	4	1
猱	0	2
撞	6（其中3为撞猱）	3（其中2为缓撞）
分开	3	2
轮指	0	6
应和	1	1
上	7（2处为急上）	9
下	2	2
合计	39	38

三、习弹版本（《自远堂琴谱》版，李孔元改编）

芍匀凹芍。萄匀匕劾。

有　美　人　兮，见　之　不　忘。

一日不　　　见　兮，思　之　　　如　狂。

凤飞　　翱　翔兮，四　海　求　凰。

势芭莅刍莅。𦾔 分 𦾖 𦾗 匊芘。
无 奈 佳 人 兮， 不 在 东 墙。

瀹 干芈芘匊芘。匊琶 豸 迄茴。
将 琴 代 语 兮， 聊 写 衷 肠。

耂 分 池 篭 𦾒 茴𦾒。芘莅立凹刍。
何 时 见 许 兮，慰 我 彷 徨。

茴匀 匕匊芘。势 分 汋 筐 匊芘。
愿 言 配 德 兮，携 手 相 将。

𦾔立莅筐匄瀹 韋善毛 芘。合。
不 得 于 飞 兮，

茋凹匊芘。莅匀 矛 名 筐 蓋 蟲 。
使 我 沦 亡。使 我 沦 亡。

色 匀 匀 筐 势 筐。匕 匊芘 匀 筐。
琴 挑 凤 得 凰。题 桥 志 气 昂。

𢎛 匀 盐 晕。疋
千 古 姓 名 扬。

《招隐》

本节学习琴曲《招隐》，习弹建议如下：

1. 学习了解左思以及《招隐》诗背景介绍。

2. 读谱，明确每一句的谱字指法。

3. 按照诗词试弹每一句旋律，相互交流切磋。

4. 参考所定简谱，结合吴文光、戴晓莲打谱版本以及张铜霞弹唱版本，确定自己的旋律节奏。

5. 课堂汇报交流。

一、琴曲简介

古琴曲《招隐》，收录于《神奇秘谱》《重修真传琴谱》《琴苑心传全编》等谱中。

据《琴史》，琴曲《招隐》作者为左思，左思出身儒学世家，貌丑口讷，不好交游，但辞藻壮丽，今存者仅赋 2 篇，诗 14 首。《三都赋》与《咏史》诗是其代表作。另有人认为《秋月照茅亭》《山中思友人》也是他的作品。《招隐》一诗描写了隐士的生活及居住环境，表达了诗人不与世俗同流合污的决心，体现了诗人高洁的情志。此诗也反映了古琴天人合一的美学思想，山水清音，自然和谐。

二、习弹版本（《神奇秘谱》版）

注：

① 趗：齐趗，与撮相类。如齐趗一三，即中指勾一食指挑三。

② 兴：蠲，抹勾连弹相邻两弦两或三声。如 𡫡，大指九徽蠲二弦，即连续抹勾二弦九徽 笉。

简谱参考

招隐

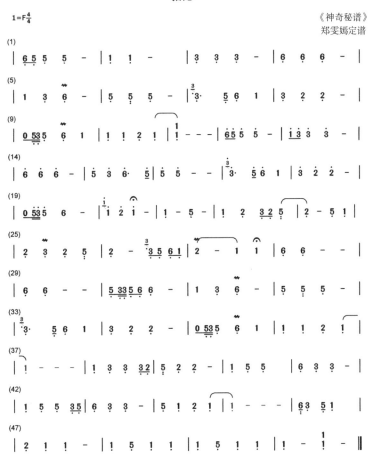

三、弹唱学习版本（参考简谱节奏）

1. 1—10 小节

芘六芎茈。芎苣。匚芎茈。乚莟

山 中 鸣 琴，万 籁 声 沉 沉，何 泠

芑。莚芎薀犭。筐矵芎筐。鏊匀四莚

泠， 石 熘 寒 泉 萦 心，未 必 丝 竹

莚四芎。萪五屄莺丄引苣芎苗三疂。

如 清 音。不 如 归 去， 踟 蹰 投 吾 簪。

2. 11—17 小节（泛音段）

乜芘六芎茈。莺匚芎莚。乚莟芑。芎

归 去 来， 丹 葩 耀 林。归 去 来， 幽

莺芘六芎茈。瓮六勺莟莚四芎。萪

兰 涧 深。 灌 木 自 吟 松 竹 阴。 遑

五屄芎莺厑三。正

遑 何 之，三 径 为 君 寻。

3. 18—24 小节

芎千萪。蘷匀矵疂三芎筐。萪蘷匀疂犭

篱 下 黄 花 散 金，振 衣 踟 蹰

〔减字谱〕

弹 冠 尘， 莫 教 双 鬓 萧　　萧　 霜雪侵

〔减字谱〕

霜雪侵。 幽　　兰　　 行。

4. 25—27 小节从招到隐再作

〔减字谱〕

石 熘 寒　　 泉　　 萦 心，未 必 丝 竹

〔减字谱〕

如 清 音，不 如　 归 去，　踟 蹰　 投吾簪。

5. 28—37 小节（无词）

〔减字谱〕

第十二节

《良宵引》

本节学习琴曲《良宵引》，习弹建议如下：

1. 认识《良宵引》琴谱，学习新指法：背锁，双弹，打圆，掐撮三声，轮指，如一等。

2. 了解琴曲结构。找出结构相似的乐句。

3. 按谱索弹《松弦馆琴谱》版《良宵引》。

4. 对比琴家演奏版本，找出差异，互相交流完善。

5. 对比《松弦馆琴谱》版本和《自远堂琴谱》版本，探讨分析《良霄引》琴曲的演变异同。

6. 学习《自远堂琴谱》版《良宵引》。

一、琴曲介绍

《良宵引》是古琴初学阶段的经典入门小曲，曲谱最早见于《松弦馆琴谱》，此书是虞山派的代表琴著，在古琴界颇有影响。《大还阁琴谱》《天闻阁琴谱》《自远堂琴谱》《五知斋琴谱》《琴学初津》《诗梦斋琴谱》《醒心琴谱》等多部琴著谱集也收录了此曲。

　　《琴学初津》认为此曲虽小，而义有余，其起承转合，井井有条，浓淡合度，意味深长。《天闻阁琴谱》认为此曲为贺若弼所作，其指法简易，可为初入门之曲。《醒心琴谱》认为此曲取意于月夜轻风，良宵雅兴，其曲风细腻委婉，清新恬静，是恬美妙趣之精品。

二、习弹版本一：《松弦馆琴谱》正调凡三段

芑艻芎匀甸匈耒匜匹匀匹匀毛。

琶矴琵匜匹匀匹匀毛鹾肖疊。婯

指法注解：

① 龠：小锁，同弦上剔抹挑连弹三声。同"背锁"。

② 韶：双弹。先后剔挑相邻两弦同时发声。以大指扶靠食、中两指，其他手指自然舒展开。先发中指剔两弦如一声，次发食指挑两弦如一声。

③ 団：打圆：常出现在挑勾后，将挑勾重复操作，一般为五或七声。如 茁芎団。其节奏通常为： | **3   3·   3 3 3 3   3** | 。

④ 毳：掐撮三声。通常是乐句结束处的一散一按两音，先撮，然后左大指一罨一摇起，得两声，再撮一声后做两次罨摇起，最后再撮一声，共三次摇起三次撮。如 曡毳。三弦散音和六弦十徽按音，先撮，后罨摇，二撮，再罨摇罨摇，最后三撮。简谱表达如下：

1   1   1
1   2 1   1   2·1 2 1 1

⑤ 侖：轮指。同一弦上快速摘剔挑，次第击弦三声。如轮第七弦，先并拢食、中、名三指，弯曲后大指靠住食指一关节旁呈空拳状（大指也可不靠食指），三个指尖对齐，依次出名、中、食指击弦。要求三指的音色均衡，着弦要在同一位置点上，且力度相当。如轮六到一弦，以轮四弦为例，可将三个手指先扶于下面第五弦。

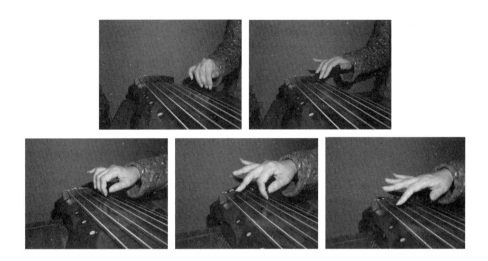

三、习弹版本二:《自远堂琴谱》仲吕均宫音凡三段

收音

指法注解：

①此音"齹"祝桐君改为"齹"。笔者认为都可。若按祝桐君修订，可和第三段指法前后呼应。

②原谱为"十"，此处应为"十八"。

③原谱为"㐌"，此处应为应合，故笔者修订为"齹"。

《阳关三叠》

本节学习曲目为《阳关三叠》，学习建议如下：

1. 了解蕤冰调调弦法。

2. 了解琴曲的历史背景。

3. 吟诵琴歌歌词。

4. 分析琴曲结构。

5. 确认琴谱指法，找出不懂的部分，咨询老师或同学。

6. 搜集至少 3 种音乐版本以及至少 3 位不同音乐家的演奏，并在课堂上进行交流。

7. 习弹琴谱。

8. 弹唱琴歌。

一、琴曲介绍

《阳关三叠》，又名《阳关曲》，是依据唐代诗人王维的《送元二使安西》发展而成的琴曲。曲谱最早见于《浙音释字琴谱》，并在《重修真传琴谱》《古音正宗》《东皋琴谱》《琴书千古》《琴学入门》《琴学丛书》等谱中有不同的谱本，有三段、四段、五段、七段、八段、九段、十段、十三段不等。

在不同的琴曲版本中，凡三段的基本都以"渭城朝雨浥轻尘，客舍青青柳色新。劝君更尽一杯酒，西出阳关无故人"为每段开篇，然后再增加词句，增强惜别之情，如：

第一段

清和节当春，渭城朝雨浥轻尘，客舍青青柳色新。劝君更尽一杯酒，西出阳关无故人。霜夜与霜晨，遄行遄行，长途越度关津。惆怅役此身，历苦辛，历苦辛，历历苦辛，宜自珍，宜自珍。

第二段

渭城朝雨浥轻尘，客舍青青柳色新。劝君更尽一杯酒，西出阳关无故人。依依顾恋不忍离，泪滴沾巾。无复相辅仁。感怀，感怀，思君十二时辰，商参各一垠。谁相因，谁相因，谁可相因。日驰神，日驰神。

第三段

渭城朝雨浥轻尘，客舍青青柳色新。劝君更尽一杯酒，西出阳关无故人。芳草遍如茵，旨酒旨酒，未饮心已先醇。载驰骃，载驰骃，何日言旋轩辚。能酌几多巡。千巡有尽，寸衷难泯。无穷的伤感，楚天湘水隔远滨，期早托鸿鳞。尺素申，尺素申，尺素频申，如相亲，如相亲。

尾声

噫，从今一别，两地相思入梦频，闻雁来宾。

凡八段的，一般第一段有这四句诗，后面段落内容则另外谱写，如：

第一段

渭城朝雨浥轻尘，客舍青青柳色新。劝君更尽一杯酒，西出阳关的那无故人。

第二段

木兰舟，载不起许多的离愁。人在你那西陵，心在东洲。心在东洲。吴山高耸水东流，东流东流复东流。

第三段

黄鹤楼，烟花三月的那下扬州。木兰舟，木兰舟，载不起许多的离愁。管送别那长亭依依柳，吴山高耸水东流，东流东流复东流。

第四段

路迢迢，樽酒的那尽沙头。伤怀抱，江声日夜搅暮涛，鹈鸱裘，到处的那重遨游。浪花浮，大江泻不尽那离愁。轻烟罩那画楼，杨柳溪桥，夜雨扁舟，明月梁州，梁州。吴山高耸水东流，东流东流复东流。

第五段

月下潮生红蓼汀，柳稍风急堕流萤。长亭短亭，惜别叮咛。梧桐夜雨，恨不同听。为功名，邮亭驿路飘零，慢敲金蹬怆离情，听唱阳关那曲四声。别离轻，吴山楚水，踪迹浮萍，长安回首人孤零，孤零。云山围四漠，别路转孤城。朝雨过，浥轻尘，唱渭城，柳色青。吴山高耸水东流，东流东流复东流。

第六段

芳草渡头初雨过，绿杨枝上好风清，绿杨芳草，牵挽离情。长短亭，载酒的那送君行。景晴明，和风丽日，闹那燕莺。云山那万里，何日归程，何日归程。吴山高耸水东流，东流东流复东流。

第七段

月明明，漏晓的那立沙汀。送君行，无限离情。握手都门，回首你那金陵，那金陵。吴山高耸水东流，东流东流复东流。

第八段

再叮咛，故人情，卝角论交，松柏誓盟，誓盟。离东君桃李侯门，杨柳彭城。一叶身，酒船棹月，诗担挑云，冷冷清清，那冷冷清清。西山列画屏，鞍马秋风冷。

二、习弹版本（据《琴学入门》改编）

阳关三叠

蕤宾调（《琴学入门》作无射均　正调紧五弦　商音）

蕤宾调：在正调基础上紧五弦，使五弦五徽与三弦四徽泛音等高。唱名是2356123。

一叠

清 和 节 当 春。渭 城 朝 雨 浥 轻 尘，

客　舍　青　青　柳　色　新。

劝 君 更 尽 一 杯 酒，西 出 阳 关 无 故 人。

霜 夜 与 霜 晨，遄 行　遄 行，

长 途 越 度　关 津。惆 怅 役 此 身，

历 苦 辛，历 苦 辛，历 历 苦 辛，

宜 自 珍，宜 自 珍。

简谱参考

阳关三叠 (一叠)

1=Bb 4/4

(1)
| 5· 61 2 2 - | 6/4 6· 13 2 12 2- | 56 5 35 5 32 | 1 23 5 - |

(5)
| 6/4 1· 66 6 5 6 6 - | 6/4 6· 13 2 1 2 2 - | 2· 16 1 1 - |

(8)
| 5/4 66 6· 66· | 6· 56 56 3 3 - | 2· 16 1 1 - |

(11)
| 3· 12 2 - | 3· 12 - | 3312 6· 56 - | 6 5 6 - ‖

二叠

渭城朝雨浥轻尘,

客舍青青柳色新。

劝君更尽一杯酒,

西出阳关无故人。

依依顾恋不忍离,泪滴沾巾。

无复相辅仁。感怀,感怀,

思君十二时辰,商参各一垠。

谁 相 因， 谁 相 因， 谁 可 相 因。

日 驰 神， 日 驰 神。

阳关三叠（二叠）

1=Bb $\frac{4}{4}$

(1)
| $\frac{6}{4}$ 6·121 3 2 2 - | $\frac{4}{4}$ 5 6 5 3 5 3532 | 1 2 2 - | 1 2 1 6 1 1 65 |

(5)
| 5 5 6 5 5 - | 1· 2 3 5 5 32 | 1 2 2 - | 5 5 3 5 3532 2 |

(9)
| 2·31 1 - | 2·16 1 1 - | 6 6 6 6 | 6· 56 56 3 3 |

(13)
| 2·16 1 1 - | 3· 1 2 3· 1 2 - | 3· 1 2 - | $\frac{6}{4}$ 3312 6 5 6 - |

(17)
| 6 5 6 6 5 6 - | ‖

三叠

渭 城 朝 雨 浥 轻 尘，

客 舍 青 青　　 柳 色 新。

劝 君 更 尽　 一 杯 酒，

西 出 阳 关　 无 故 人。

芳 草 遍 如 茵， 旨 酒　 旨 酒，

未 饮 心 已　　　先 醇。

载 驰 驱，　载 驰 驱，

何 日 言 旋 轩 辚。能 酌 几 多 巡。

千 巡 有 尽，寸 衷 难 泯。

无 穷　　的 伤 感，楚天湘水隔远滨，期 早托 鸿 鳞。

尺 素 申，　尺 素 申，　尺 素 频 申，

如 相 亲，　如 相 亲。

指法注释：

盒：次逗。两弹。第二弹时作逗。《春草堂琴谱》注：两弹分开，第二声逗。

阳关三叠（三叠）

尾声

噫，从今一别，两地相思入梦频，闻雁来宾。

简谱参考

阳关三叠（尾声）

三、减字谱（全曲）

阳关三叠

无射均正调紧五弦商音

一叠

（减字谱）

二叠

（减字谱）

三叠

收势

跌宕

缓收结

尾声

参考文献

专著

［1］蔡良玉.古琴艺术汉英双语小辞典［M］.上海：上海音乐学院出版社，2007.

［2］曹尚絅.春草堂琴谱［M］.北京：中国书店出版社，2005.

［3］陈成渤.太音传习 古琴教程［M］.杭州：西泠印社出版社，2019.

［4］戴晓莲.上海古琴百年纪事（1855—1999）［M］.上海：上海音乐学院出版社，2020.

［5］坂田进一.东皋琴谱正本［M］.上海：上海音乐出版社，2016.

［6］范煜梅.历代琴学资料选［M］.成都：四川教育出版社，2013.

［7］龚一.古琴演奏法［M］.严晓星.现代琴学丛刊.重庆：重庆出版社，2015.

［8］顾梅羹.琴学备要（手稿本）［M］.上海：上海音乐出版社，2004.

［9］蒋门马.庄子汇校考订［M］.成都：四川巴蜀书社，2019.

［10］蒋文勋.二香琴谱［M］.北京：中国书店出版社，2005.

［11］吉联抗.嵇康·声无哀乐论［M］.北京：人民音乐出版社，1964.

［12］今虞琴社.今虞琴刊［M］.重庆：重庆出版社，2021.

［13］老子.道德经［M］.张景，张松辉，译注.北京：中华书局，2021.

［14］李凤云.古琴三十课［M］.北京：中国书店出版社，2015.

［15］李祥霆.古琴实用教程［M］.上海：上海音乐出版社，2004.

［16］列御寇.列子［M］.叶蓓卿，译注.北京：中华书局，2011.

［17］林西莉.古琴［M］.许岚，熊彪，译.北京：生活·读书·新知三联书店，2009.

［18］田芝翁.太古遗音（明精钞彩绘本）［M］.袁均哲，注音释.杭州：西泠印社出版社，2020.

［19］沈草农，查阜西，张子谦.古琴初阶［M］.北京：音乐出版社，1961.

［20］王宾鲁.梅庵琴谱［M］.北京：中国书店出版社，2020.

［21］王国维.美学三境［M］.苏州：古吴轩出版社，2022.

［22］王玲.中国茶文化［M］.北京：九州出版社，2020.

［23］吴景略.七弦琴教材［M］.上海：上海音乐出版社，2022.

［24］吴灴.自远堂琴谱［M］.北京：中国书店出版社，2019.

［25］夏郁.古琴教学创新研究［M］.北京：中国书籍出版社，2022.

［26］许健.琴史新编［M］.北京：中华书局，2012.

［27］徐复观.中国艺术精神（大字本）［M］.北京：九州出版社，2020.

［28］徐君跃.浙派古琴教程［M］.上海：上海教育出版社，2014.

［29］陈建一.浙派古琴艺术［M］.上海：上海文艺出版社，2006.

［30］徐上瀛.溪山琴况　琴声十六法［M］.徐樑，陈忱，译.北京：中华书局，2021.

［31］徐青山.大还阁琴谱［M］.杭州：西泠印社出版社，2020.

［32］严晓星.七弦古意：古琴历史与文献丛考［M］.北京：故宫出版社，2013.

［33］程雄.钦定四库全书：松弦馆琴谱［M］.北京：中国书店出版社，2016.

［34］张艳辉.中国历代琴词品鉴［M］//杨青.中国琴学研究丛书.北京：人民音乐出版社，2020.

［35］杨青.中国历代琴诗品鉴［M］//杨青.中国琴学研究丛书.北京：人民

音乐出版社，2021.

［36］查阜西. 存见古琴曲谱辑览［M］. 北京：文化艺术出版社，2007.

［37］张鹤. 琴学入门［M］. 杭州：浙江人民美术出版社，2017.

［38］张子谦. 操缦琐记［M］. 北京：中华书局，2005.

［39］张子盛. 古琴指法谱字集成［M］. 北京：中华书局，2016.

［40］周德明，严晓星. 上海图书馆藏古琴文献珍萃. 稿钞校本［M］. 北京：中华书局，2017.

［41］朱良志. 中国美学十五讲［M］. 北京：北京大学出版社，2006.

［42］朱良志. 中国艺术的生命精神［M］. 合肥：安徽文艺出版社，2020.

［43］朱厚爝. 风宣玄品［M］. 北京：中国书店出版社，2006.

［44］朱权. 神奇秘谱［M］. 杭州：西泠印社出版社，2014.

论文

［1］崔杨. 当今中国高校古琴教学探究：以非音乐专业为例［J］. 北方音乐，2020（19）：216-219.

［2］邓晴南. 中国古代"琴茶一味"思想的当代文化学释读［J］. 福建茶叶，2018，40（6）：477.

［3］段言. 文人琴与艺人琴的相异与相通：从北宋两大琴人群体的关系谈起［J］. 中国音乐，2020（6）：115-121.

［4］冯焕珍. 论耶律楚材琴禅一味的琴学观［J］. 中山大学学报（社会科学版），2011，51（4）：138-150.

［5］傅暮蓉. 传统琴乐在礼乐中的地位［J］. 中国音乐，2011（4）：15-19.

［6］顾永祥. 高校古琴专业演奏技能课教学初探［J］. 艺术教育，2015（3）：162-163.

［7］李妮莱. 古琴音乐的艺术特征与传承保护［J］. 大众文艺，2021（4）：103-104.

［8］李祥霆．古琴艺术应该成为每个中国人的基础知识之一［J］.人民音乐，2004（4）：36-37.

［9］马方方．高校古琴选修课分析现状［J］.黄河之声，2014（20）：78-79.

［10］马守仁．琴茶同韵［J］.农业考古，2005（4）：131-134.

［11］彭岩．高校古琴文化传承模式新思考［J］.音乐传播，2016（1）：94-97.

［12］施晔．高罗佩《琴道》与中国士文化［J］.复旦学报（社会科学版）.2016，58（2）：106-116.

［13］史钰．圆通：古代文论建构的审美表达［J］.中国文学批评，2020（1）：52-59，158.

［14］苏霞．中国传统文化中的"茶"与"道"探寻［J］.福建茶叶，2023，45（2）：181-183.

［15］唐孝祥，程轶婷．试论建筑艺术与音乐艺术的审美共通性［J］.华南理工大学学报（社会科学版），2007，9（2）：50-54.

［16］唐孝祥，魏峰．中国传统建筑与书法艺术的审美共通性初探［J］.华南理工大学学报（社会科学版），2017，19（1）：112-118.

［17］汤朝晖，徐慧丹．中国传统建筑与篆刻艺术的审美共通性［J］.华南理工大学学报（社会科学版），2021，23（3）：117-124.

［18］徐菁菁．高校古琴课程设置初探［J］.音乐创作，2015（4）：182-184.

［19］张艳．古琴艺术在当代高校的传承思考：由广州大学音乐舞蹈学院岭南古琴剧目课程引发［J］.音乐传播，2017（2）：82-84.

［20］郑祖襄．南宋浙派谱系的形成及其文化内涵［J］.文化艺术研究，2009，2（1）：109-115.